O LÚDICO NOS GRUPOS

Dados Internacionais de Catalogação na Publicação (CIP)
(Câmara Brasileira do Livro, SP, Brasil)

Monteiro, Regina Fourneaut
    O lúdico nos grupos : terapêuticos, pedagógicos e organizacionais / Regina Fourneaut Monteiro. – São Paulo : Ágora, 2012.

Bibliografia
ISBN: 978-85-7183-091-2

1. Jogos 2. Psicodrama 3. Trabalhadores - Relações profissionais 4. Trabalho - Aspectos psicológicos 5. Trabalho e classes trabalhadoras I. Título.

11-11486   CDD-158.7

Índice para catálogo sistemático:
1. Psicodrama nas organizações : Psicologia do trabalho   158.7

Compre em lugar de fotocopiar.
Cada real que você dá por um livro recompensa seus autores
e os convida a produzir mais sobre o tema;
incentiva seus editores a encomendar, traduzir e publicar
outras obras sobre o assunto;
e paga aos livreiros por estocar e levar até você livros
para a sua informação e o seu entretenimento.
Cada real que você dá pela fotocópia não autorizada de um livro
financia o crime
e ajuda a matar a produção intelectual de seu país.

O LÚDICO NOS GRUPOS

Terapêuticos, pedagógicos e organizacionais

Regina Fourneaut Monteiro

O LÚDICO NOS GRUPOS
Terapêuticos, pedagógicos e organizacionais
Copyright © 2012 by Regina Fourneaut Monteiro
Direitos desta edição reservados por Summus Editorial

Editora executiva: **Soraia Bini Cury**
Editora assistente: **Salete Del Guerra**
Coordenação editorial: **Betina Leme**
Ilustrações: **Ricardo Florez**
Capa: **Gabrielly Silva**
Imagem de capa: **James Herrera/Flickr**
Projeto gráfico e diagramação: **Crayon Editorial**
Impressão: **Sumago Gráfica Editorial Ltda.**

Editora Ágora

Departamento editorial
Rua Itapicuru, 613 – 7º andar
05006-000 – São Paulo – SP
Fone: (11) 3872-3322
Fax: (11) 3872-7476
http://www.editoraagora.com.br
e-mail: agora@editoraagora.com.br

Atendimento ao consumidor
Summus Editorial
Fone: (11) 3865-9890

Vendas por atacado
Fone: (11) 3873-8638
Fax: (11) 3873-7085
e-mail: vendas@summus.com.br

Impresso no Brasil

Dedico este livro a todos os que buscam um reencontro com a criança que já foram um dia.

SUMÁRIO

Prefácio 9
Apresentação 13

1. O jogo na cultura 15
2. O jogo na metodologia psicodramática 19
3. Técnicas dos iniciadores 25
4. Jogos de apresentação 29
5. Jogos de relaxamento e sensibilização 33
6. Jogos para favorecer a integração grupal 39
7. Jogos de confiança 45
8. Jogos para estimular a observação e a percepção 49
9. Jogos de papéis 53
10. Jogos para início de trabalho com grandes grupos 57
11. Jogos para encerramento 61
12. O jogo dramático e a resistência 65
13. O jogo no trabalho com psicóticos 81
14. Um exemplo de vivência com a utilização de jogos 85
15. Finalização 93

Referências bibliográficas 95

PREFÁCIO
A mágica do bom aquecimento grupal

"Os psicoterapeutas têm muito mais poder do que pensam, mas não têm todo o poder com que sonham. De qualquer modo cabe-nos acreditar em sermos sempre úteis aos nossos pacientes."

(WCA)

ANTES DE TUDO, agradeço à Regina Fourneaut Monteiro o convite para ser padrinho deste belo livro. E, como ela me deixou à vontade para escrever além das intenções clássicas do prefaciador, ouso definir-me, neste lugar, como penso o psicodrama. Para mim, só é psicodrama o trabalho realizado em grupos, pois ele é por excelência um paradigma nas tarefas terapêuticas, pedagógicas e organizacionais.

Seu método é processo existencial reconhecido, no qual o grupo sempre será o protagonista maior, dando a oportunidade de tratamento a todos os participantes ou a alguém em especial, quando se abre e acolhe, num movimento solidário de inclusão.

A espontaneidade e a criatividade morenianas são a própria liberdade bergsoniana, capaz de fazer surgir a expressão mais original de cada um, o sujeito em sua singularidade.

As narrativas da vida de cada qual, com as correspondentes dramatizações, permitem o entrecruzamento dos coinconscientes coletivos envolvidos no processo, ato preparatório fundamental para o nascimento da catarse de integração.

Tenho dois vetores de condução do grupo: a direção centrada na espontaneidade, com atenção à sociometria, ensinada por Anna Maria Knobel; e a direção centrada no verdadeiro protagonista, em seu "projeto dramático comum", ensinamento dado por Luís Falivene.

Não tenho admiração pelas atividades em que o protagonista é "arrancado" a fórceps. O que Betty Milan chamou de holocausto, eu denomino encenação de sangue, suor e lágrimas com os aplausos para o diretor.

Entre dirigir em campo tenso ou em campo relaxado, prefiro a segunda opção. É para isso que se utiliza o aquecimento (*warming up*), a forma de promover a integração do grupo e permitir o surgimento dos papéis psicodramáticos de modo coerente e sustentável para o desenrolar adequado do processo cênico.

Aprecio o "teatro dentro do teatro", inspiração shakespeariana de J. L. Moreno, no qual as representações externas abrem a dimensão interior dos personagens. As reconstruções e as ressignificações são simplesmente táticas da coxia. A existência posta à prova é o verdadeiro desiderato terapêutico.

Harold Bloom escreveu: "Shakespeare tornou-se o grande mestre da sondagem do abismo existente entre o ser humano e seus ideais. Ele foi o *magister ludi* supremo". Foi nessa esquina que Moreno se postou: o *discipulus ludi*, chamado charlatão porque deixou a mágica da invenção ser exercitada pelos próprios pacientes.

"Não me comprometo em vossa criação. Vossa história é o produto da convergência de fatores genéticos, sociais, familiares, psicológicos, políticos e econômicos." (Assim imaginei uma fala de Moreno.)

O lúdico não pode faltar ao bom psicodrama. Ele nos permite garimpar os vínculos de cada cidadão presente, mulheres e homens, pois só com as histórias dos vínculos cada um se constituirá como pessoa. O lúdico permite a entrada às dramatizações de maneira progressiva e delicada. Seus jogos compõem a cadeia de substituições intra e intersubjetivas, com a mobilização afetiva e emocional presentes em cada arco da curva da vida. Por fim, a tarefa lúdica é o aquecimento expressivo para dar início a uma sessão psicodramática ou, até mesmo, para iniciar uma longa jornada grupal.

Não é de agora que Regina traz para o movimento psicodramático idêntica e inestimável contribuição. Ela já foi considerada a melhor ego-auxiliar dos bons tempos inaugurais. Depois, tornou-se diretora competente e respeitada, para despontar como liderança nas terapias de grandes grupos, o psicodrama público. Sempre com um viés político-cultural corajoso, desde o famoso Congresso de 1970, no MASP, firmou-se como uma grande e estimada profissional.

Sucesso com este livro, Reo. Você merece.

WILSON CASTELLO DE ALMEIDA
Psicoterapeuta com formação em psiquiatria,
psicodrama e psicanálise

APRESENTAÇÃO

MINHA INTENÇÃO AO escrever este livro foi oferecer um repertório de jogos a todos que trabalham principalmente com grupos nas mais diferentes áreas: terapêutica, educacional e organizacional. Os jogos são apresentados segundo uma relação de situações que frequentemente ocorrem em nossa rotina de trabalho.

Uma preocupação que tive como psicodramatista, ainda que tenha me respaldado na metodologia psicodramática, foi escrever de maneira a ser entendida por profissionais de outras formações. Embora seja psicóloga com formação clínica, busquei produzir um texto acessível aos profissionais de fora da área da saúde mental.

Meu desejo é que educadores ou profissionais que trabalham em empresas, na área de recursos humanos, por exemplo, possam também usufruir desse conteúdo.

Enfim... tive, como podem ver, boas intenções! Espero, então, que este livro sirva de estímulo para que criem novos jogos em suas práticas profissionais.

Agora, aqui vai minha última mensagem para introduzi-los à leitura: não levem a vida tão a sério; afinal, vocês não sairão dela vivos!

REGINA FOURNEAUT MONTEIRO

O jogo na cultura

Os jogos, na cultura brasileira, têm origem nos povos que formaram nossa civilização: os índios, os brancos e os negros, principalmente os portugueses e os africanos.

Os mais conhecidos e que têm lugar garantido entre as brincadeiras que fazem parte do nosso folclore são:

» **Peteca.** Sua origem está na cultura indígena. Uma trouxinha feita de folhas com pedrinhas dentro era amarrada a uma espiga de milho, jogada para o alto e rebatida pelos jogadores.
» **Amarelinha.** É um jogo de origem francesa que consiste em pular sobre um desenho feito no chão, geralmente riscado com giz. O desenho costuma ter dez casas, numeradas de um a dez, e um semicírculo na extremidade que representa o céu. Tirada a sorte, a pessoa que ganhou começa e joga uma pedrinha, procurando acertar dentro da casa número um. Em seguida, evitando pisar na casa que está com a pedrinha, segue o caminho pulando com um só pé nas casas isoladas e com os dois pés nas casas duplas. Não pode perder o equilíbrio, colocar a mão no

chão ou pisar fora dos limites das casas até chegar ao céu – aí, com os dois pés no chão. Se der tudo certo, joga, então, a pedrinha na casa dois e repete o processo. Ganha o jogo quem chegar primeiro ao céu tendo percorrido as dez casas.

» **Cama de gato.** Joga-se com um barbante, que deve ser trançado entre os dedos das mãos e, assim, alterando-se sucessivamente o formato das figuras. Sua origem provavelmente é asiática.

» **Cinco marias.** É de origem pré-histórica. Lança-se uma pedra para o alto e, antes que ela caia no chão, pega-se outra, outra e mais outra... As pedras que forem apanhadas devem ficar todas nas mãos. Na Antiguidade, os reis jogavam com pepitas de ouro ou com pedras preciosas.

» **Ciranda.** É de origem portuguesa. No século XX, no Brasil (Rio de Janeiro), aconteciam bailes nos quais homens e mulheres formavam dois círculos, um dentro do outro, que giravam ao som da música: "Ciranda cirandinha/ Vamos todos cirandar/ Vamos dar a meia-volta/ Volta e meia vamos dar /O anel que tu me destes/ Era vidro e se quebrou/ O amor que tu me tinhas/ Era pouco e se acabou".

» **Cabo de guerra.** Sua origem é indígena. Consiste em dois times, de igual número de participantes, puxarem uma corda ou um cabo de madeira, segurando pelas extremidades, e tentarem, assim, mover o time contrário para além da linha demarcada no chão.

» **Escravos de Jó.** Jogo de origem africana, talvez seja dos mais conhecidos. Os jogadores são dispostos ao redor de uma mesa, com um objeto na mão (uma pedra). Deverão combinar o ritmo ao som da música cantada enquanto passam a pedra ao jogador da direita e sempre obedecendo as "ordens" dadas pela letra da música! Quem errar é eliminado. A letra é: "*Escravos de Jó, jogavam caxangá. Tira, põe, deixa ficar. Guerreiros com guerreiros fazem zigue-zigue-zá!*"

Quanto à conceituação de jogo, este é definido como um passatempo, um divertimento, uma atividade física ou mental que envolve regras para sua realização. Quem nos oferece uma excelente definição é Johan Huizinga, filósofo. Ele nos diz o seguinte:

> O jogo é uma atividade ou ocupação voluntária, exercida dentro de certos e determinados limites de tempo e de espaço, segundo regras livremente consentidas, mas absolutamente obrigatórias, dotado de um fim em si mesmo, acompanhado de um sentimento de tensão e alegria e de uma consciência de ser diferente da vida cotidiana. (1993, p. 33)

Os jogos sempre desempenharam um papel de extrema importância para a humanidade; são uma manifestação tão antiga quanto o próprio ser humano. Entretanto, com o tempo, o caráter competitivo dos jogos passou a ter lugar de destaque, em detrimento de seu aspecto lúdico.

Em épocas passadas, os brinquedos e jogos hoje tidos como atividades exclusivas às crianças eram compartilhados com os adultos. Um exemplo é o jogo de "cabra-cega", tal como aparece retratado em quadros e tapeçarias do século XVI. Com o passar do tempo, observamos que as diferenças começam a surgir. Muitos dos jogos que antes eram comuns a todos (homens e mulheres, adultos e crianças) tornam-se cada vez mais específicos, dividindo-se entre jogos para meninos ou para meninas e tornando-se exclusivamente infantis.

O adulto abandona a prática dos jogos, o que nada mais é que uma construção puramente cultural consolidada hoje em nossa sociedade. A proposta lúdica original é abandonada para nos tornarmos adultos sérios! Uma ilusão, pois a seriedade não exclui o jogo – ao contrário: ele a inclui. Faz-se urgente e necessário resgatar em sua plenitude, portanto, o instinto lúdico que existe no homem.

O jogo na metodologia psicodramática

Na maioria das vezes, os jogos são vistos como a técnica mais utilizada pelos profissionais da área no aquecimento inespecífico; o primeiro momento de um trabalho psicodramático. Sem dúvida, sua eficácia é, aí, amplamente comprovada. Entretanto, o uso dos jogos, a meu ver, não se restringe a essa aplicação. Minha proposta é ampliar essa visão para torná-los um instrumento cujo emprego transcenda seu uso como meros auxiliares para preparar ação.

Sua aplicabilidade se faz presente em vários outros momentos (trabalhos grupais e individuais). Alguns deles são: 1) como treino para o desenvolvimento da espontaneidade e da criatividade; 2) no trabalho em situações específicas da dinâmica grupal (agressividade, competição); 3) como facilitadores para a integração entre os participantes de um grupo e para a criação de vínculos; 4) no início, no primeiro contato de um trabalho, o chamado quebra-gelo; 5) no encerramento e na avaliação da atividade realizada.

Podem ainda ser aplicados em todas as modalidades do psicodrama, com crianças, adolescentes, adultos, casais, famílias, bem como na área socioeducacional, em empresas, em clínica, no sociodrama, no teatro espontâneo, no *role-playing* etc. Podem ser também amplamente utilizados no psicodrama bipessoal, individual ou em grupo. Um capítulo especial a ser visto mais adiante diz respeito ao uso de jogos com psicóticos. Basta, para tanto, que se faça uma adaptação do jogo escolhido à situação em questão.

Trata-se, pois, de técnicas que permitem a expressão livre das criações do mundo interno do indivíduo e que estas sejam realizadas por meio da representação de um papel ou pela produção mental de uma fantasia ou, ainda, por uma determinada atividade corporal. Já mencionei isso nos livros *Jogos dramáticos* (1994, p. 21) e *Técnicas fundamentais do psicodrama* (1998, p. 166). Constituem, sem dúvida, um dos pilares do psicodrama. Sua ampla aplicabilidade deve-se ao fato de serem atividades que propiciam o trabalho em campo relaxado de conduta. O que isso quer dizer? À medida que as pessoas são convidadas a "brincar", é oferecida a elas uma forma de atuação descontraída no mundo do "como se". O nível de tensão torna-se muito baixo, pois se trata de uma situação permissiva e protegida, com regras a serem cumpridas, o que facilita o aparecimento de respostas espontâneas e criativas.

Em momentos de tensão, nossa visão das respostas possíveis para resolver uma questão é limitada e/ou bloqueada. Ficamos no escuro e, muitas vezes, sem saída! Em campo relaxado, com ausência de tensões, é como se tudo se iluminasse e pudéssemos enxergar melhor. Vamos a um exemplo: você já deve, um dia, ter entrado em um supermercado com muita pressa, com os minutos contados para comprar algum produto. Pois bem, cadê o que procuramos? Perguntamos ao funcionário, que aponta, e o que acontece? Está lá o que queremos, bem na nossa frente! É um exemplo simples, mas que ilustra o que foi dito sobre nosso comportamento em campo tenso.

Caso o leitor queira aprofundar-se mais nesse conceito, poderá fazê-lo consultando o livro de Jaime G. Rojas-Bermúdez, *Introdução ao psicodrama* (1970, p. 89), no qual há uma representação gráfica do esquema de papéis – aqui simplificada e reproduzida a seguir. Podemos observar que, em momentos de "alarme", as pessoas não conseguem encontrar uma resposta eficiente. Os papéis são "engolidos", desaparecem, a ação é paralisada ou surge uma solução inadequada e pouco eficaz.

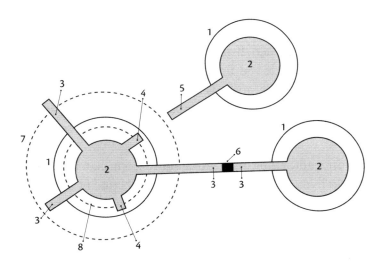

1. limite do si mesmo; 2. Eu; 3. papel; 4. papel pouco desenvolvido (aquele em que há dificuldade de desempenho – exemplo: uma pessoa no papel de aluno); 5. papel complementar (aquele que deseja entrar em relação – no exemplo, o professor); 6. vínculo (ocorre quando a relação se estabelece – exemplo: a mesma pessoa, agora, no papel de filho, no caso, um papel que nela é bem desenvolvido, e a outra pessoa no papel de pai); 7. expansão do si mesmo em estado de alarme; 8. contração do si mesmo em situação especial de aquecimento.

O limite do si mesmo é como uma membrana que envolve o Eu. O Eu é a condensação dos fatores biológicos, psicológicos e sociais que nos individualizam e constituem nossa personalidade. O si mesmo, como nos diz Bermúdez, é o limite psicológico da personalidade, tem uma função protetora. Nos casos de alarme, de pânico, ele se expande e chega, como já foi dito, a "engolir" os papéis, principalmente os pouco desenvolvidos, o que dificulta e até mesmo impede a criação de um vínculo com o papel complementar.

Para que o vínculo seja estabelecido, é necessário que o si mesmo se contraia, o que só ocorrerá se o indivíduo sair da situação de alarme. Nesses casos, o jogo é o recurso mais adequado para que isso aconteça.

Uma maneira simples de entender é comparar o limite do si mesmo ao espaço físico de que cada um necessita para sentir-se à vontade. Se uma pessoa se aproxima demasiadamente de nós, podemos nos sentir, dependendo da situação, incomodados. Esse incômodo aparece quando nos sentimos invadidos em nosso espaço, em nosso "terreno pessoal".

Outro autor que trata do assunto com clareza é Gustav Bally. No livro *El juego como expresión de libertad* (1964, p. 21), ele nos relata experiências feitas com animais (cachorro e macaco) em situações de forte tensão e em situações calmas e lúdicas, e suas reações e respostas diante delas. Em seguida, traça um paralelo com o comportamento humano: como ocorre com os animais, respostas criativas e espontâneas, quando o homem está sob tensão, deixam de existir.

Com base nessas conclusões, reforço, aqui, o que afirmei antes: a linguagem lúdica propicia o manejo mais eficaz da espontaneidade e, consequentemente, da criatividade. Surgem respostas novas e adequadas a situações novas, assim como respostas novas e adequadas a situações já conhecidas.

Na maioria dos adultos, o comportamento lúdico foi relegado a segundo plano ou até "deletado" de suas vidas. Impera o lema "sou uma pessoa séria, cresci". Grande engano! O jogo é seriíssimo! A criança é capaz de acreditar verdadeiramente que uma folha de papel dobrada é um avião. Sua capacidade de fantasiar é riquíssima, embora saiba que, na realidade, "o avião" é uma folha de papel. Com o passar dos anos, esquecemos tudo isso. Que pena! Que tal repensarmos essa postura? Faço aqui esse convite. Só assim poderemos recuperar nossa capacidade espontânea e criativa. Brincar é permitir-se!

Técnicas dos iniciadores

Não se pode falar em jogo sem falar de iniciadores. Eles são recursos utilizados para a realização dos jogos, embora se façam presentes em todos os momentos do trabalho psicodramático.

Os iniciadores são os estímulos que preparam para a ação. Wilson Castello de Almeida (1998, p. 27) os define como

> estimulações internas ou externas ao indivíduo, voluntárias ou involuntárias, físicas ou mentais, utilizadas para o aquecimento (*warming up*) do paciente, de forma a sensibilizá-lo e introduzi-lo no desempenho espontâneo e criativo dos papéis na dramatização pretendida.

Quanto à classificação, os autores a fazem de diferentes maneiras. Podemos conhecer melhor essas opiniões no livro *Psicodrama – O forro e o avesso*, de Sergio Perazzo (2010, p. 131-42).

Aqui, vamos dar atenção especial aos iniciadores físicos, mentais, intelectivos, temáticos, sociorrelacionais e fisiológicos.

1. **Físicos.** São aqueles que conduzem a movimentos, a atividades corporais. Caminhar, andar de diferentes maneiras, espreguiçar-se, emitir sons, gesticular etc.

2. **Mentais.** São aqueles que estimulam a produção de fantasias, que mexem com o imaginário. Exemplo: friccionando-se as mãos, surge uma bola colorida que, aos poucos, vai crescendo e...

3. **Intelectivos.** São os jogos que provocam uma produção intelectual. Por exemplo, os jogos de papéis. Somos todos personagens de uma fábula!

4. **Temáticos.** Jogos que, a partir da leitura de textos (jornais, por exemplo) pelos participantes, introduzem a cena a ser criada, oferecem um tema, um princípio de roteiro. A partir da leitura de um texto esportivo, todos são atletas que disputam uma partida nos jogos olímpicos!

5. **Sociorrelacionais.** Atividades lúdicas que levem os indivíduos a se relacionar, favorecendo a integração. Em roda, de mãos dadas e emitindo sons, o grupo encontra determinado som que o caracteriza naquele momento.

6. **Fisiológicos.** São aqueles que estimulam os cinco sentidos: o tato, a visão, o olfato, a audição e o paladar. De olhos fechados e andando em câmera lenta, esbarra-se no outro participante e, por meio do toque e do cheiro, tenta-se adivinhar quem é.

Ofereço a vocês essa classificação com finalidade didática, já que frequentemente notamos, em um só jogo, vários iniciadores ativados. Exemplos de jogos e seus iniciadores que se encaixam nessa classificação podem ser encontrados em meu livro *Jogos dramáticos* (1994), já citado.

Concluindo: realizado um cuidadoso aquecimento com o uso dos iniciadores adequados à situação e ao objetivo a ser atingido, teremos como consequência o aparecimento de respostas espontâneas e criativas.

Também é de extrema importância, toda vez que formos recorrer à aplicação de um jogo, perguntar, em primeiro lugar:

qual jogo é adequado neste momento? Só terá sentido o jogo certo na hora certa! Não faz sentido utilizá-lo para "fazer qualquer coisa", só por dramatizar; ou, o que é pior, para aliviar a tensão do diretor por achar que precisa fazer algo! Cabe aqui uma observação. Quando me refiro à direção, estou falando do coordenador, daquele que terá como funções dirigir o grupo quanto à escolha do jogo, motivar seus membros a participar, adaptar o jogo às características do grupo e manter seu desenvolvimento.

A seguir, ofereço uma classificação dos jogos segundo as situações que, a meu ver, surgem com maior frequência no decorrer do trabalho com grupos – e nas quais os jogos são muito bem-vindos.

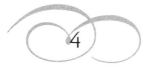

Jogos de apresentação

Às vezes, quando entramos em contato com um grupo, observamos que nem sempre as pessoas se conhecem. Será este, então, um grupo ou um agrupamento? São pessoas de diferentes lugares, reunidas com um objetivo comum – o interesse pelo trabalho a ser realizado –, mas que não mantêm, entre si, nenhum outro tipo de relação?

Torna-se, portanto, necessário oferecer-lhes condições para maior aproximação, para a criação de uma coesão interna que venha a facilitar o bom desenvolvimento da atividade a ser realizada. Um "clima" propício para conduzir ao que, em psicodrama, inspirados em Bion[1], chamamos de um continente receptivo e favorável aos conteúdos que poderão emergir no decorrer da ação.

Uma apresentação formal em que cada um dos participantes diz seu nome, sua profissão, ou fornece alguma outra informação, nem sempre é suficiente. Quando em situação social, por exemplo, somos apresentados a várias pessoas, geralmente esquecemos seus nomes; guardamos na memória apenas os nomes de alguns – os demais, quem são mesmo?

---

1 Wilfred Ruprecht Bion (1897-1979) foi psiquiatra e psicanalista. Estudioso e defensor da psicoterapia em grupo, escreveu e publicou inúmeras obras referentes ao assunto.

Creio ser o jogo a forma mais eficiente para iniciar um contato, pois facilitará uma aproximação, certa intimidade ou maior afinidade entre os participantes. Uma atividade descontraída e lúdica favorece a criação de laços amigos e a coesão necessária. Assim, a estória e a história[2] daquelas pessoas começam a ser criadas. É o primeiro passo para constituir realmente o grupo. Seguem alguns jogos com essa finalidade.

1. O grupo deve se organizar em pares. A partir daí, um fala um pouco de si para o outro. Depois, um apresenta o outro para o grupo e vice-versa. Tratando-se de um grupo numeroso, solicitamos apenas que cada um converse com seu vizinho.

2. Cada pessoa do grupo recebe um papel em branco. O diretor começa a falar: "Se eu fosse uma flor, um livro, um carro, um animal, uma comida, um ritmo de música, uma cor, um filme, uma joia, um móvel..." Por exemplo: "Se eu fosse uma flor, seria uma margarida; se eu fosse um livro, seria um romance", e assim por diante. Depois, juntam-se os papéis e tenta-se adivinhar quem escreveu.

3. Cada participante do grupo escolhe um objeto, pessoal ou que esteja na sala, com o qual se identifique. Depois, coloca-o na sua frente. Em seguida, troca de lugar com o objeto escolhido e fala "desta pessoa", ou seja, de si.

4. Uma bexiga vazia é dada a cada participante (todas da mesma cor). Em seguida, cada um escreve num papel suas características mais marcantes e o coloca dentro da

---

2 Quando falo em história, refiro-me ao relato de um fato verdadeiro, real, um fato acontecido. Quanto à estória, esta é uma narrativa de ficção, uma criação do imaginário.

bexiga. Após encher as bexigas, todos devem jogá-las para o alto e, em seguida, pegar uma delas. Os participantes estouram as bolas e leem em voz alta para o grupo o que está escrito, tentando adivinhar a quem pertencem as descrições lidas.

5. O grupo forma um círculo. Uma bola é jogada de um para outro. No momento em que ela é jogada, a pessoa deve dizer seu nome; na segunda vez, sua profissão; depois, seu estado civil, cidade onde nasceu... E assim segue o jogo até que todos tenham se apresentado com o maior número possível de características pessoais.

6. Todos, em círculo, se olham por alguns instantes. Uma pessoa é escolhida. O grupo começa a falar o que acha que essa pessoa faz, sua profissão, se é casada, se tem filhos, onde mora, o que faz nas horas de lazer etc. A pessoa escolhida deve ficar em silêncio. Só depois confirma ou não e, então, fala de si. Em seguida, escolhe-se outra pessoa do grupo e assim sucessivamente.

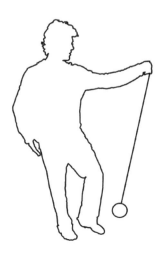

Jogos de relaxamento e sensibilização

Relaxar é descontrair, desengessar, soltar-se à liberdade, atingir um estado de alívio das tensões, sejam elas mentais ou corporais. Só assim podemos estar sensibilizados para nos perceber e perceber o outro. A tão apregoada tele, no psicodrama e descrita por Moreno, é exatamente poder olhar-se, direcionar o olhar para o outro e percebê-lo, e o outro, igualmente, poder nos olhar e nos perceber. Trata-se de um processo interpessoal. Entrar em sintonia com o parceiro para que, juntos, possam encontrar uma direção, um caminho comum. Esses procedimentos induzem à improvisação e à livre interpretação – estímulos à criação. Deixando de lado as preocupações do dia a dia, as tarefas e obrigações, com a mente livre e aberta e o corpo distensionado, disponho-me a receber o novo, criar, imaginar, fantasiar, e a expressar corporalmente minhas sensações, emoções e sentimentos. Vamos à descrição de alguns jogos que poderão facilitar esse percurso.

1. O grupo deve deitar e relaxar, respirar fundo, concentrar-se no próprio corpo, sentir o coração batendo. Imaginar um lugar, "ir para lá" e explorá-lo. Em seguida, cada um retorna dessa experiência, situa-se na sala novamente e comenta a vivência.

2. Mesmo processo do jogo anterior, porém, a ideia é subir pelo fio de uma pipa imaginária e ver a cidade do alto, viajar.

3. Mesmo processo do jogo acima. Cada um deve imaginar que está voando e chegando a um planeta desconhecido. Nesse planeta, começa a pesquisar tudo que nele existe.

4. O grupo deve deitar e relaxar. Cada um se imagina dentro de uma foto. A pessoa se vê hoje, volta no tempo e se vê 10 anos atrás, volta ainda mais e se vê com 15 anos de idade. Finalmente, se vê criança (brincando com seu brinquedo favorito). Observa que roupa essa criança veste, o cabelo (como é?). Em seguida, a pessoa se vê no momento presente e se aproxima da criança (o que faria com a criança agora? o que diria a ela?). No fim, cada um "retorna" à sala e relata sua experiência. Esse é um jogo que pode trazer depoimentos mais dolorosos e densos, portanto, deve ser aplicado com cautela e com tempo suficiente para que todos possam, sem pressa, trazer seus conteúdos e ser ouvidos por todos os presentes, compartilhando, assim, as emoções surgidas.

5. Com o corpo "encolhido", ocupando o menor espaço possível, cada um imagina ser uma semente que cresce e vira uma árvore. Essa árvore vivenciará o outono, o inverno, a primavera e o verão (as pessoas devem fazer movimentos relacionados com cada estação). O tempo passa e volta-se como semente à terra. Pode ser usado um estímulo musical.

6. Com o corpo "encolhido", cada um é um casulo que vira uma borboleta, que cresce, voa e vai para onde quiser.

O LÚDICO NOS GRUPOS

7. Todos sentados em círculo. Cada um deve escolher objetos significativos (pessoais ou da sala) e então construir,
na sua frente, uma estrutura: "eu e tudo que tenho na minha vida".

8. Cada participante deve, um por vez, dirigir-se ao centro
da sala, que estará dividida ao meio por uma linha imaginária. Escolhe objetos pessoais ou da sala e coloca-os no
chão simbolizando, "de um lado, as coisas boas e, do outro, as coisas ruins de sua vida".
Obs.: os jogos 7 e 8 podem focalizar a vida em geral, pessoal
ou profissional, enfim, o aspecto que se deseja trabalhar.

9. Todos deitados no chão e de olhos fechados. O diretor diz:
"Vamos voltar no tempo, a partir da idade do participante
mais velho, estamos com 30, 25, 15, 12, 10, 8, 6 anos
(colocam-se músicas infantiş), 5, 4, 3, 2, 1 ano (colocam-se
canções de ninar), 10, 9, 8, 7, 6, 5, 4, 3, 2, 1 mês." O grupo
fica em silêncio por algum tempo. Depois, pede-se às pessoas para voltar através do tempo até chegar à idade atual.
Faz-se a contagem ao contrário para ajudar na volta. Por
fim, comenta-se como foi a vivência para cada um.

10. Deitados e relaxados, cada um imagina, de olhos fechados, uma foto de si mesmo (atual ou não). A partir daí,
inicia-se uma conversa, um diálogo entre os dois (eu e o
eu da foto). Em seguida, cada um relata ao grupo como foi
sua experiência.

11. Cada membro do grupo começa a fazer um movimento
com as mãos, esfregando uma na outra. Surge então entre
as mãos uma pequena nuvenzinha colorida, como se fosse

um pedaço do céu. A nuvem cresce, a pessoa brinca com ela, é uma nuvem mágica. A pessoa pode entrar nela e ser envolvida pela nuvem, ou subir nela. São nuvens dançarinas. Depois, aos poucos, a pessoa vai saindo da nuvem. Nesse momento, a nuvem passa a ser novamente pequena e a pessoa faz o que quiser com ela – dá de presente a alguém, guarda-a para si, devolve para o céu etc.

12. O grupo se organiza em pares. Um fica de frente para o outro (em pé). Um está de olhos abertos e com as mãos espalmadas sobre as mãos do outro. A partir daí, a pessoa que está com os olhos abertos e com as mãos em cima deve passar um sentimento, uma emoção, com as mãos (sem falar). O outro, por sua vez, está o tempo todo com os olhos fechados, captando os sentimentos e emoções que a outra pessoa transmite. Depois as posições devem ser invertidas e os pares trocados. Comenta-se o que foi feito antes de cada troca de par.

13. Em duplas, um de frente para o outro. Mãos espalmadas, um empurrando o outro. O objetivo é fazer o outro se desequilibrar. Ganha aquele que conseguir primeiro.

14. O grupo se organiza em pares, de pé, um de costas para o outro, com os braços entrelaçados. O objetivo é levantar o outro do chão. Ganha aquele que conseguir levantar o outro primeiro.

15. Todos de pé, de frente para a parede. Usa-se uma iluminação que permita que as sombras das pessoas se projetem na parede. Cada um deve brincar com sua sombra. Se quiserem, podem brincar com as sombras dos companheiros da direita e da esquerda.

16. Os participantes se organizam em pares. Um faz massagem no outro. Em seguida, o grupo todo volta a se reunir e um dos participantes deita-se no chão. Todos os demais passam andando com as pernas abertas por cima da pessoa, em fila, de maneira que os pés de todos esfreguem as partes laterais do seu corpo.

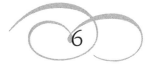

Jogos para favorecer a integração grupal

Falamos antes, ao introduzir os jogos de apresentação, sobre a necessidade de criar uma relação mais próxima entre os participantes de um grupo. Mas esse é apenas o primeiro passo. Torna-se necessária a criação de vínculos entre as pessoas. Provavelmente nem todas chegarão a estreitar relações; a intensidade destas será variável. Um novo perfil grupal, entretanto, é criado; o grupo adquire uma identidade.

Para que isso ocorra, deve ser feito um cuidadoso trabalho de integração. Aqui, mais uma vez, os jogos são a técnica psicodramática, a meu ver, mais eficiente. Em um campo relaxado, solto, sem tensões ou estresse, as pessoas se colocam mais disponíveis para as relações. É fundamental criar condições para que isso ocorra.

Quantas vezes uma criança chega a um lugar qualquer, seja no parque, na escola, na festinha de aniversário, e, em pouco tempo, começa a se relacionar com as outras crianças? Sua linguagem é o lúdico, a brincadeira, o jogo. Que tal resgatar no adulto essa capacidade que, com o tempo, foi relegada a segundo plano?

1. O grupo anda pela sala, soltando-se, chacoalhando mãos, pernas e pés; olham-se por meio de "binóculos" feitos com as mãos.

2. O grupo faz um círculo e todos se dão as mãos. Cada pessoa sente o toque do companheiro da direita e da esquerda. Cada um comenta o que sente.

3. O grupo faz um círculo e põe os braços em torno dos ombros dos companheiros. A partir daí, buscam um movimento e um som em comum.

4. O grupo faz um círculo fechado e deixa uma pessoa de fora, dificultando a sua entrada. Essa pessoa deve encontrar um jeito de entrar.

5. Cada integrante do grupo escolhe um objeto que esteja dentro da sala. Então, o grupo faz um círculo e inicia-se uma rodada em que cada um coloca o objeto escolhido no centro desse círculo. Terminada a primeira rodada, continua-se, só que agora cada um dispõe os objetos como quiser ou passa a vez, até chegar a uma disposição que agrade a todos.

6. Em duplas, a mão direita de um segura a mão esquerda do outro. Como se estivessem amarrados, devem fazer determinadas "tarefas" (andar, correr). A seguir, uma dupla deve "amarrar-se" a outra dupla e assim por diante até que o grupo todo fique "amarrado", fazendo coisas juntos.

7. Todo o grupo deita-se no chão (um ao lado do outro). O primeiro que está na ponta "rola" sobre os outros e vai para a outra ponta. O próximo repete o movimento e as-

sim por diante. Todos os integrantes devem "rolar" sobre os outros.

8. O grupo deve andar em fila pela sala – em forma de círculo, em forma de oito, em linha reta, de costas, pulando em um só pé, pulando corda, na ponta dos pés, nos calcanhares, com a parte interna dos pés, com a parte externa, em câmera lenta, de olhos fechados etc.

9. As pessoas devem andar pela sala olhando-se e "conversando" com os olhos, com as mãos, com os ombros, com a testa, com os cotovelos, com as costas etc.

10. O grupo todo, com uma grande cartolina, deve fazer um quadro. Podem usar pincel mágico, cola, revistas etc. O tema pode surgir do grupo ou pode ser sugerido pelo diretor.

11. Em algum lugar da sala há um lenço escondido para cada um (pode ser imaginário ou não). As pessoas devem procurá-lo. Quando cada um encontrar seu lenço, deverá brincar com ele. Em seguida, todos os lenços se encontram e dançam (coloca-se uma música para facilitar a realização do jogo).

12. Há um maço de flores na sala. Existe uma flor para cada integrante do grupo. Cada pessoa escolhe uma flor e sente o seu perfume, sua textura, faz movimentos com ela. Todos estão num jardim. É a dança das flores. Pode-se usar estímulo musical.

13. Todo o grupo deverá montar um quebra-cabeça. Podemos observar, aqui, como cada um se comporta no trabalho em grupo.

14. Utiliza-se lousa e giz. Um participante do grupo começa um desenho, que deverá ser continuado por outro participante, e assim por diante até que se tenha um desenho feito pelo grupo.

15. Faz-se um círculo. O grupo se divide em duas filas paralelas a fim de que as pessoas fiquem em pares e de frente uma para a outra. Após alguns segundos em silêncio e se olhando, deverão expressar corporalmente, por meio de posturas, como se sentem em relação à pessoa da frente. A seguir, os pares são trocados até que todos tenham se expressado diante de todos. Terminado o jogo, comenta-se sobre o que foi feito.

16. O grupo se organiza em duplas que devem conversar sobre o que sentem de positivo e de negativo um em relação ao outro. Trocam-se as duplas para que todos falem com todos.

17. Uma pessoa deita no chão. O grupo, em volta dela, deve acariciá-la, fazendo massagem com as mãos. A pessoa que está deitada pode pedir um tipo de toque ou rejeitar aquele de que não está gostando.

18. Formam-se duas filas paralelas com um espaço entre elas. Esse espaço vazio é para uma terceira fila, que deverá ser formada com base nestas instruções: vai para o meio quem é magro, quem se acha gordo, quem é bonito, quem é alto, quem é baixo, por exemplo, e assim por diante, criando-se sempre situações de escolha pertinentes ao momento e à sequência do trabalho.

19. Formam-se filas – duas, três, de acordo com o número de pessoas. O primeiro da fila faz um gesto que deverá ser

imitado pelo segundo, que passa para o terceiro etc. Na volta, inicia-se pelo último, e assim por diante até que várias passagens sejam executadas.

20. Todos em círculo. Cada um pensa e cita uma parte do corpo humano. Por exemplo, perna esquerda, mão direita, dedo anular da mão esquerda... Não vale repetir o que já foi falado. Aquele que o fizer, sai do jogo.

21. Uma música toca. Quando parar o som, todos "viram" estátuas. Aquele que se movimentar sai do jogo até a rodada seguinte.

22. Todos em círculo. Cada participante produz um som. Os demais deverão expressar com o corpo, com um gesto, como repercutiu esse som ouvido. Várias rodadas podem ocorrer.

23. Formam-se duas filas. As pessoas deverão se posicionar uma de frente para a outra. Dado um sinal, um faz um gesto e o da frente complementa. Todos ao mesmo tempo.

24. O grupo forma um círculo. Cada um escreve uma mensagem em um pedaço de papel. Os papéis são dobrados, colocados no centro e misturados. Em seguida, são lidos um a um. Vamos adivinhar quem escreveu?

25. Todos andando e se olhando. Formam-se pares. Com as mãos dadas e os pés juntos, jogam o corpo para trás, buscando equilíbrio. Permanecem assim por alguns minutos. Em seguida, forma-se um quarteto, dois pares, de mãos dadas; buscam, agora em círculo, um novo equilíbrio, e assim por diante, em seis, em oito... Observam-se as

mudanças corporais necessárias para manter o equilíbrio, conforme o grupo aumenta. Podem-se acrescentar movimento e som. O que muda quando o grupo aumenta?

Jogos de confiança

Confiar em nosso semelhante é fácil? Sentir segurança no acolhimento do outro, poder entregar-se sem medo? Quantas vezes pensamos em falar algo, agir "assim ou assado", contar para alguém um fato que se passa conosco e ficamos com receio? Vem a pergunta: como isso será recebido?

O grupo, por menor que seja, possui em miniatura todas as características de um grupo humano maior. As regras, os valores, os preconceitos, as conservas culturais[3] estão nele vivos e presentes. Como, então, confiar e poder entregar-se sem receio de ser julgado ou rejeitado? Existe a certeza de ser aceito, recebido, acolhido?

Em alguns momentos no decorrer do trabalho, torna-se necessária uma avaliação, uma verificação de como anda a confiança de cada qual no grupo. Como fazer isso? Falando sobre um assunto, escolho palavras, garimpo e me censuro. Com a ação, o corpo fala por mim e "entrega", muitas vezes de modo ingênuo e simples, sem barreiras, aquilo que sinto. Cá pra nós, ele nos trai! Que tal arriscar por aí?

---

3   É o resultado final do processo de criação. O livro é um bom exemplo de conserva. Após sua publicação, insere-se na cultura da comunidade em que foi publicado e passa a fazer parte intrínseca desta. Quem desejar se aprofundar no assunto poderá fazê-lo nas obras de Moreno, mais especificamente no livro *Psicodrama* (1961, p. 157).

1. O grupo está num círculo fechado. Um de cada vez vai para o centro de olhos fechados e se solta. O grupo deve segurá-lo (Jogo João Bobo).

2. O grupo se divide em duplas. Um é cego e o outro é o guia. Depois, invertem-se as posições.

3. Com os braços, o grupo faz uma "cama" e um de cada vez é embalado pelos companheiros.

4. Utiliza-se um barbante de 1 metro. Em dupla, cada pessoa segura em uma das pontas (não vale soltar). Um dos dois fecha os olhos e é conduzido pelo outro, que deve guiá-lo, puxando o barbante e dando "dicas" por onde vão passando. Depois, invertem-se as posições.

5. O grupo todo sai da sala. Permanecem apenas três pessoas e o diretor. Duas delas seguram nas extremidades de um cabo de vassoura, a alguns centímetros do chão. A terceira pessoa chama um dos integrantes do grupo para entrar (os demais continuam fora da sala) e diz a ele: "Você vai subir neste cabo e se equilibrar nele de olhos vendados". As duas pessoas que estão segurando o cabo vão levantá--lo (mas isso será apenas fictício). O truque é: a terceira pessoa se colocará na frente daquela que está em cima do cabo de vassoura e dirá a ela para apoiar as mãos em seus ombros. O cabo será apenas balançado um pouco e quem está na frente apoiando vai se abaixando. Em seguida, todos dizem para a pessoa pular. Esse jogo é feito por todo o grupo que está fora da sala. As pessoas que já participaram ficam dentro da sala.

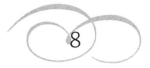

Jogos para estimular a observação e a percepção

Olhar e não enxergar! Como exercitar o olhar atento e não apenas perceber as coisas de modo superficial, automaticamente, mas concentrar-se no que vê? É possível desenvolver nossa capacidade de olhar de modo cuidadoso. Perceber detalhes muitas vezes transforma o conjunto, que então se ilumina e adquire novo colorido.

Além da desatenção, outro fator que interfere e cega é quando estamos em campo tenso. Você já deve ter passado por isso quando, por exemplo, está com muita pressa, na correria, com os minutos contados, e não encontra a chave do carro que está na mesa em sua frente!

Aprender a relaxar nesses momentos é como tomar distância, afastar-se. Com isso, a atenção melhora e, consequentemente, a percepção torna-se mais aguçada. O jogo demonstra ser um excelente auxiliar ao qual podemos recorrer nesses casos. A brincadeira e a linguagem lúdica aliviam as tensões e criam uma atmosfera permissiva e não angustiante.

1. O grupo forma um círculo. O diretor diz: "Eu te passo esta caneta fechada, ou aberta, ou cruzada", e assim segue a rodada. O grupo deve adivinhar que "aberta, fechada,

cruzada" refere-se à posição em que estão as pernas de quem passa! Nesse jogo pode-se utilizar qualquer objeto.

2. O grupo organiza-se em círculo. O diretor diz: "Fomos convidados para ir a um baile, mas só entrará no baile quem for com um anel no dedo". A letra "a" de anel é de Ana, a pessoa que está ao seu lado direito. O grupo deverá descobrir que a senha para entrar no baile é usar ou levar qualquer coisa cujo nome comece com a letra inicial do nome do(a) companheiro(a) que está ao seu lado direito.

3. Magia! Uma dupla é escolhida. Uma das pessoas da dupla sai da sala. O grupo escolhe um objeto. Quando a pessoa retorna à sala, deverá adivinhar, por meio de perguntas feitas pelo integrante da dupla que ficou na sala, qual foi o objeto escolhido. O truque para a adivinhação é algum código combinado anteriormente pela dupla. Por exemplo: a dupla escolhe uma cor, o verde, e a resposta certa será a que vier depois de uma pergunta do tipo: "É esta caneta?" No caso, a caneta apontada é verde! O objeto escolhido será o próximo a ser apontado. O grupo deverá descobrir como se dá a "adivinhação".

4. Telefone sem fio. O grupo pode estar em círculo ou enfileirado. Um fala uma frase no ouvido do outro que está ao seu lado, que passa para o outro, e assim por diante. Ao final, o último participante conta a frase que ouviu.

5. O grupo se senta. Uma pessoa se levanta e tenta passar, por meio de mímica, o nome de um filme para o grupo, que tentará adivinhá-lo.

6. Cadeiras em círculo. Uma a menos que o número de participantes. As pessoas devem ficar atrás das cadeiras e andar rapidamente em volta delas. Ao sinal de uma batida de palma, deverão se sentar. Aquele que ficar em pé sairá do jogo e tira-se uma cadeira. No final, tem-se o vencedor.

7. O diretor conta uma estória para o grupo: "Entro no quarto, a janela está aberta, as cortinas esvoaçam, há vidros no chão, uma poça de água e dois seres mortos. O que aconteceu?" Com base nessa descrição, o grupo deverá adivinhar o que houve. A resposta correta é: ventava, a janela abriu, a cortina jogou o aquário no chão. Ele se quebrou e os dois peixes morreram.

8. O grupo deve se observar. Em seguida, as pessoas devem se escolher em pares. De pé, de costas um para o outro, cada um deve descrever como o companheiro está vestido, seu cabelo (como está penteado), cor dos olhos etc.

9. O grupo deve andar pela sala. Deve observar tudo que há nela. Em seguida, devem fechar os olhos e descrever o que viram. Será o vencedor aquele que acertar mais ou descrever melhor a sala com mais detalhes.

Jogos de papéis

A noção de papel é fundamental. Por meio dele ocorre a inter-relação. Para que qualquer trabalho psicodramático aconteça, cenas são descritas e realizam-se no "como se", por meio da representação de papéis. Nesse contexto dá-se a vivência de situações reais ou fantasiosas. Jogos que permitam a criação livre e espontânea de papéis vão, com certeza, ampliar esse universo. Aqui, entendemos papel como a unidade cultural de conduta. Na vida, desempenhamos papéis todo o tempo – por exemplo: neste momento, desempenho o papel de escritora e você, que agora lê este texto, o papel de leitor!

1. Divide-se o grupo em três subgrupos. O primeiro grupo monta uma foto. O segundo repete a foto e insere som e movimento. O terceiro repete a foto, a mímica e introduz a palavra. Obs.: pode-se comparar o que o primeiro grupo imaginou com o que foi feito pelo segundo e terceiro grupos. Ou começar a dramatização de cenas a partir da cena criada pelo terceiro grupo.

2. Todos deitados e de olhos fechados. Os participantes devem pensar que estão na rua e começam a "olhar", a "observar" tudo: as pessoas que passam etc. Imaginam personagens e escolhem um deles para representar. Quando estiverem

preparados, levantam-se, já no papel do personagem escolhido, aproximam-se, começam a interagir e a montar uma cena. Depois, cada subgrupo apresenta para os outros a cena criada. Uma das cenas poderá ser escolhida para ser dramatizada.

3. Monta-se um cenário. Por exemplo: uma sala de espera. O grupo recebe um recado para que um de cada vez vá para lá. Ninguém sabe quem mandou o recado e nem o que acontecerá. Cada um escolhe um personagem para representar e entra em cena. A partir daí, deixamos a dramatização acontecer.

4. Um dos participantes do grupo imagina um personagem e começa a representá-lo. Um segundo participante imagina outro personagem, vai ao encontro do primeiro e tenta complementar a cena, iniciando-se, assim, um jogo de papéis entre os dois. Passado certo tempo, o primeiro sai de cena. O segundo permanece e é complementado por um terceiro personagem, e assim por diante. Todo o grupo deve participar.

5. Divide-se o grupo em dois subgrupos. Cada subgrupo escolhe um objeto em torno do qual se cria uma estória. Cada participante é um personagem da estória que deve girar em torno do objeto escolhido. A estória deve apresentar um conflito que precisa ser resolvido. Depois, cada grupo representa sua estória.

6. Construir, no faz de conta, um ônibus no centro da sala. Cada um entra, representando um personagem. Ninguém sabe quem é quem. Deixa-se a estória "rolar". Podem-se introduzir variáveis: o ônibus para, quebra, é assaltado, tem o pneu furado etc.

7. O grupo deverá montar uma "foto" com a participação de todos. Feito isso, para que cada integrante possa "vê-la", o

diretor substitui as pessoas (uma a uma), colocando-se em seus lugares. Isso ocorrerá até que todos tenham visto a foto a distância. Comenta-se no final.

8. Uma cadeira vazia é colocada diante do grupo. Qual personagem está lá? Os participantes deverão, um a um, ir até lá e ocupá-la, apresentar-se e falar um pouco de si. Em seguida, os personagens escolhidos pelo grupo iniciam uma estória. Esse jogo foi introduzido em nosso meio pela Gestalt-terapia.

9. Coloca-se um biombo na sala. Quem passar por trás, ao sair do outro lado, aparece como um personagem; cria um monólogo e apresenta-se. Os personagens escolhidos pelo grupo iniciam uma cena.

10. Cinco pedaços de papel são entregues a cada um dos participantes do grupo. No primeiro, devem escrever em que lugar a dramatização deverá ocorrer. No segundo, qual personagem deverá surgir. No terceiro, quais objetos farão parte da cena. No quarto, qual o motivo do encontro. No quinto, em que horário acontecerá. Por exemplo: na lanchonete, um advogado, um bote salva-vidas, espera do bilhete de loteria, de manhã. Todos os papéis são misturados e, em seguida, sorteados. Criam-se cenas eleitas pelo grupo.

Jogos para início de trabalho com grandes grupos

N a minha experiência, considero o número de participantes da seguinte forma:

Bipessoal: compõe-se de duas pessoas.
Nota: o grupo de três é de dinâmica edípica.
Grupo pequeno: de 4 a 15 pessoas.
Grupo médio: de 15 a 30 pessoas.
Grupo grande: de 31 a 60 pessoas.
Grupo sem limites: acima de 60 pessoas (sociodramas, psicodramas públicos).

Quando deparamos com um grupo com mais de 31 pessoas, precisamos, para início do trabalho a ser realizado, "aquecer" os participantes, aproximá-los, criar um ambiente favorável ao bom desempenho. Esse é um procedimento comum e necessário a qualquer encontro, independentemente do tamanho do grupo. Entretanto, quando se trata de um grupo mais numeroso, temos de recorrer a alguns jogos mais específicos que facilitem o alcance desse objetivo. Uma atmosfera ágil, leve, descontraída e facilitadora da ação. Como conseguir isso? Descrevemos, a seguir, alguns procedimentos que julgamos adequados a esses momentos.

1. Levamos vários jornais do dia. Cada um deve escolher uma notícia e dizer qual o assunto: economia, lazer, policial etc. Os subgrupos serão formados segundo o tema da notícia escolhida. Cenas serão criadas e representadas.

2. Cada participante recebe, ao entrar, um pedaço de cartolina colorida. O número de cores deve variar segundo o número de subgrupos que desejamos formar. Por exemplo: com cinco cores, teremos cinco subgrupos, e assim por diante. Feita a divisão, o coordenador poderá introduzir um jogo de apresentação, de integração grupal ou outro que julgar pertinente ao momento – o que seria difícil e pouco viável se realizado com o grupo todo junto. Essa observação aplica-se também ao jogo seguinte.

3. O grupo poderá ser dividido em subgrupos de acordo com a cor da roupa que usam. Por exemplo: quem está de branco forma um grupo e assim por diante. Também poderemos agrupar as pessoas pelo signo, pela letra inicial do nome, pelo time de futebol para o qual torcem etc.

4. Primeiro é feito, com todos os participantes, um trabalho de interiorização, com os olhos fechados. Em seguida, cada um escreve em um pedaço de cartolina qual é seu sentimento nesse momento. Todos mostram aos demais o que escreveram e buscam aqueles que empregaram palavras semelhantes referentes aos sentimentos. Então, cada grupo formado poderá conversar, trocar ideias e depois montar uma cena com base na reflexão feita sobre as palavras.

5. Cada um recebe, ao entrar, um número: um, dois, três... conforme o número de subgrupos que desejamos formar. De um a dez, por exemplo, forma um subgrupo.

Cada grupo formado elege um regente e produz um som, batendo os pés no chão, batendo palmas... O regente deve administrar o som do seu grupo: volume, ritmo... sincronizando esse som com seus companheiros regentes. Forma-se uma orquestra!

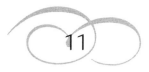

Jogos para encerramento

O objetivo dos jogos de encerramento é compartilhar o vivenciado. Depois de realizada uma tarefa, é importante, também, fazer a avaliação dos resultados obtidos. Relembrar e reviver o ocorrido requer atitude reflexiva, a ser alcançada com a criação do clima propício. Por meio do uso de jogos, esse clima surge e permite um encerramento proveitoso, rico em observações e depoimentos e profundo em sentimentos.

1. "O que eu levo e o que eu deixo!" A proposta é imaginar que existem caixas de diversos tamanhos no centro da sala e outra caixa, também imaginária, ao lado de cada participante. As pessoas se levantam, uma por vez, e pegam uma caixa, dizendo o que estão levando para casa da experiência vivida. Depois, dizem o que deixam para os outros na caixa que está ao seu lado, levando-a ao centro da sala.

2. O grupo constrói a estória da vivência em pedaços. Um dos participantes inicia e cada um segue contando mais uma parte da estória. No fim, esta poderá ser dramatizada.

3. Todos fecham os olhos e procuram lembrar tudo que fizeram desde o momento em que chegaram. Cada um deverá

resumir, em uma palavra ou em uma frase, o que sente nesse momento.

4. Cada pessoa do grupo deve escrever, em uma folha de papel, uma frase que expresse como sentiu a vivência, os momentos que passaram juntos. Os papéis são reunidos e então lidos um a um. Tenta-se adivinhar quem escreveu.

5. Numa só folha de papel, cada participante escreve uma frase sobre como sentiu o trabalho realizado. Essas frases contarão "a estória" da vivência. Cada um que escrever deve dobrar o papel para que o próximo não possa ler o que já foi escrito. Assim segue até que todos tenham registrado sua mensagem. Em seguida, desdobra-se o papel e lê-se todo o conteúdo para o grupo, que poderá, então, comentar o que foi escrito.

6. Pede-se a cada integrante que expresse com o corpo como se sentia no início da atividade e como se sente no momento presente (no fim do trabalho). Comenta-se as expressões produzidas.

7. Pede-se que cada pessoa do grupo represente uma breve cena: como será, a partir de agora, sua atuação na vida pessoal ou profissional etc. (dependendo da finalidade que o trabalho teve). O que mudou? Trata-se de uma proposta de antecipação da vida e de avaliação do encontro.

8. Colocam-se cinco almofadas (ou outros objetos) no chão, cada uma significando: péssimo, ruim, regular, bom e ótimo. Pede-se que cada participante avalie o trabalho realizado sentando-se na almofada que representa seu sentimento

e dizendo, em voz alta, o que pensa. No fim, comentam-se as escolhas feitas.

9. Pede-se a cada integrante do grupo que escreva uma carta. Nela, a pessoa deverá relatar o que gostaria de compartilhar com todos (uma mensagem que gostaria de deixar). Os papéis são dobrados. No final, os papéis são abertos e tenta-se adivinhar quem escreveu.

10. Forma-se um círculo. Cada participante, um sim, outro não, dá um passo à frente. Temos, assim, dois círculos: um interno e outro externo. As pessoas deverão ficar uma na frente da outra. Somente o círculo interno deverá se deslocar, em sentido horário. Não vale falar! A comunicação será estabelecida por gestos. Todos deverão se despedir da pessoa à sua frente, seguindo o critério: levantar o braço direito vale um aperto de mão, os dois braços valem dois apertos de mão, os dois braços e um sorriso valem um caloroso abraço! Caso haja desencontro nos gestos, isto é, se cada um expressar um código diferente, nada acontecerá.

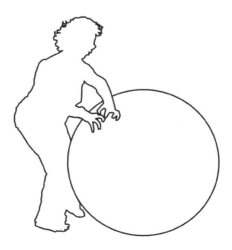

O jogo dramático e a resistência[4]

As considerações aqui feitas propõem o estudo de como as resistências podem ser vencidas por meio da utilização dos jogos.

Resistência quer dizer oposição: forças no indivíduo que se opõem aos procedimentos e processos do trabalho a ser realizado. Impedem ou dificultam o falar, bloqueiam as tentativas de recordar, obter e assimilar a compreensão interna; ou seja, agem de tal forma que o indivíduo atua contra seu desejo de mudança.

A resistência pode ser consciente, pré-consciente ou inconsciente, como nos ensina a psicanálise, e pode ser expressa por meio de emoções, atitudes, ideias, impulsos, pensamentos, fantasias ou ações. No psicodrama ela pode, ainda, ser coinconsciente, isto é, de característica grupal.

Freud (apud Greenson, 1981, p. 64) reconheceu a importância da resistência ao afirmar:

> A resistência acompanha o tratamento em todos os seus passos. Toda e qualquer associação, todo ato da pessoa em trata-

---

4 Este capítulo é uma reformulação do artigo "O jogo dramático e a resistência", publicado na revista da Febrap, ano 6, n. 1, 1984, p. 62-9.

mento deve contar com a resistência e ela representa um compromisso entre as forças que estão lutando pela recuperação e as forças opositoras.

Norman E. Pickholz (1974) propõe um trabalho em relação ao manejo da resistência com o uso de um jogo. Entregam-se duas folhas de papel em branco a cada integrante do grupo com a seguinte proposta: "Escreva duas qualidades, uma positiva e uma negativa, que você atribui ao grupo". Ou, então, caso queiramos ser mais explícitos, poderemos solicitar algo como: "Escreva assim: Bom, mas medroso!"

Depois de feito o jogo, as qualificações "positivas" poderão ser tomadas como medida dos aspectos que facilitam e favorecem o desenvolvimento da tarefa proposta, como uma espécie de "transferência positiva", em termos freudianos, ou uma "tele positiva", em termos morenianos.

Pickholz (1974) nos diz ainda que "o trabalho deve estar centrado nas qualificações negativas, que representam as reais dificuldades". Tais resistências, uma vez explicitadas e elaboradas, permitem o aparecimento, a emergência de um material até agora evitado ou reprimido.

Weil e Schutzenberger (1977, p. 45) afirmam haver

uma diferença entre a psicanálise e a maior parte das técnicas. A psicanálise é centrada na análise da resistência e da transferência, ela supera a resistência por sua análise, ao passo que as outras técnicas, geralmente, passam por cima dela, ou a ignoram ou a contornam. Devemos fazer menção especial ao psicodrama, que vence a resistência graças às diversas técnicas de *warming up* (aquecimento). Chama-se de resistência ao conjunto daquelas forças contrárias à tomada de consciência e favoráveis à manutenção da neurose.

Cabe aqui a pergunta: entre as técnicas que o psicodrama nos oferece, qual delas é a mais adequada para o aquecimento de um trabalho? O jogo, sem dúvida, é a mais adequada!

Vamos, agora, às formas para superar as resistências. Moreno (1961, p. 95 e 305) assim conceitua *warming up*:

Um processo de preparação que se manifesta em todo organismo vivo, quando este se esforça em direção a um ato; quando um sujeito põe em movimento seu corpo e sua mente utilizando atitudes corporais e imagens mentais que o levam a alcançar o estado desejado.

E diz ainda:

O processo de aquecimento é uma indicação concreta, tangível e mensurável de que estão operando fatores *e* (espontaneidade). Através do processo de aquecimento são expressos muitos papéis que o indivíduo nunca ou raramente vive em sua rotina diária e que até em sonhos raramente aparecem. Em seu dia a dia um indivíduo pode estar limitado a um pequeno número de papéis e situações, mas a potencialidade da sua personalidade para papéis é praticamente infinita. Vivemos somente com uma pequena parte da esfera de nossa personalidade, a maior parte dela permanecendo sem ser usada, sem ser desenvolvida. No decorrer de um tratamento, um paciente pode viver centenas de papéis e situações. Descobri, experimentando com numerosos sujeitos, que todo processo de aquecimento que cubra uma pequena parte da personalidade pode ser absorvido e momentaneamente anulado por qualquer processo de aquecimento que tenha um alcance maior, incluindo ao mesmo tempo aquela parte.

Sobre essa premissa de superação das resistências, Moreno desenvolve o que ele qualifica como importante técnica terapêutica, aquela denominada "sem palavras". Ainda no mesmo livro (p. 306), nos diz:

Pedi a um gago que emitisse em lugar de palavras e frases, combinações livres, sem sentido vocal, de vogais e consoantes. Durante esse tempo ele não gaguejava, aparentemente devido ao fato de o aquecimento mobilizar uma extensão de sua personalidade maior que o aquecimento patológico para o sintoma.

Eu diria que Moreno lançou mão, aqui, de uma forma de comunicação mais primitiva, e a isso ele chama de aquecimento que mobiliza uma extensão maior da personalidade do paciente. Continuando, Moreno nos diz ainda (p. 306):

A seguir, o paciente se lançou numa discussão com seu patrão. Na situação real gaguejava muito quando na presença de um superior. Em cena, gritou com força para o ego auxiliar, que representava o seu empregador, cerrando os punhos.

Vejamos outro exemplo, ainda no mesmo livro e página:

Outra paciente, uma mulher de 29 anos, havia perdido a sua voz natural desde que tinha 10 anos. Podia falar, mas o som da sua voz estava deformado. Às vezes conseguia apenas balbuciar. Quando era pequena todos elogiavam sua voz. Certa vez, na escola, pediram-lhe que recitasse uma poesia, mas ela não conseguiu falar. Havia perdido a voz. Entretanto, quando pedi a ela que tomasse no cenário o papel de oradora, mas usando, no lugar das palavras, combinações livres de vogais e consoantes, sua voz adquiriu uma entonação natural. Foi uma grande surpresa para ela. Durante anos não havia podido falar com sua voz natural.

Novamente aqui é utilizada uma forma primitiva de comunicação, com sucesso.

Segundo meu modo de ver, nesses exemplos, Moreno usou um jogo como aquecimento, no intuito de vencer uma resistência que, na verdade, impedia ou dificultava o desempenho do papel. Os jogos empregados relaxaram o campo de tensão no qual a pessoa se encontrava e venceram a resistência que impedia a ação. O aquecimento no psicodrama, portanto, é o momento em que as resistências são quebradas e entendo que o jogo é o modo mais eficaz para atingir esse objetivo.

Diz-nos também Carlos Calvente (1988, p. 101), referindo-se a Moreno: "Aparece em seus textos com maior frequência e parece ter ênfase o tema do aquecimento. O aquecimento, o *warming up*, é a maneira, portanto, de lidar com a resistência."

As resistências aparecem de diferentes maneiras. Vamos citar alguns exemplos e oferecer sugestões de jogos que podem ser indicados.

1. A pessoa está em **silêncio**, não parece disposta a falar. Pedimos para sentar-se, no contexto dramático, em uma cadeira e, em sua frente, colocamos uma cadeira vazia. Em seguida, solicitamos que imagine quem pode, nesse momento, ocupar o lugar vazio e que inicie uma conversa com a pessoa imaginária ou traduza, com o corpo, como se sente. O uso de um estímulo musical adequado poderá ser muito útil.

2. **Falar sem emoção**, de modo "frio" e distante, como se estivesse narrando um fato ocorrido com outra pessoa e não vivido por ela. A ideação e a emoção não se encontram de acordo. Diz-nos Dalmiro Bustos (1982, p. 84):

Quando as palavras não correspondem claramente ao papel representado e aparecem como fator de resistência, como excesso de racionalização e como contradição entre o gestual e o verbal, pode-se indicar ao paciente que continue expressando sem palavras o que sente. Os sentimentos de agressão que são controlados com palavras costumam ser favorecidos em sua expressão, empregando-se essa técnica.

Diz-nos ainda:

A técnica da substituição da palavra por um som possui a mesma finalidade que a técnica **sem palavras**. Pede-se ao paciente com dificuldades na expressão verbal para comunicar-se com um som que substitua a palavra. Esse som deverá ser emitido partindo-se de qualquer vogal escolhida.

3. Jogos criados a partir de um estímulo musical são muito ricos e podem ser muito úteis no momento do aquecimento, principalmente quando aparece uma tendência à **intelectualização**. Existem conflitos a ser ditos, mas a resistência impede que sejam trazidos explicitamente. A música facilita a expressão dos sentimentos ocultos. As danças e os movimentos corporais, por sua vez, expressam o que a palavra resiste a revelar. Por meio de formas de expressão extraverbais chegamos a dramatizações, cenas que não apareciam em virtude da resistência.

4. Há várias situações em grupo nas quais podemos observar que **os integrantes não estão manifestando o real conteúdo do tema a ser trabalhado**. Nesse caso, um jogo também poderá ser introduzido: o diretor (coordenador) coloca um dos participantes em uma posição corporal por ele determinada, como uma estátua, expressando, assim, como ele sente o conteúdo reprimido pelo grupo. Outra forma é solicitar que o mesmo jogo seja feito pelos próprios

O LÚDICO NOS GRUPOS

integrantes do grupo. Um de cada vez. Esse jogo favorecerá a quebra da resistência grupal e também permitirá a tomada de consciência do real conflito a ser trabalhado.

5. Há aqueles que apresentam **maior dificuldade em assumir um papel e desempenhá-lo**. Uma forma de vencer a resistência, nesse caso, é introduzir um jogo bastante simples, como pedir à pessoa que "construa", com os objetos da sala, sua "cama", deite-se e "converse" em voz alta com seu travesseiro.

6. A **postura** pode também indicar a presença de resistências: o corpo encolhido, ou ficar meio escondido atrás dos companheiros, ou, ainda, atrás de uma coluna da sala, ou meio deitado e bocejando... Podemos, nesses casos, pedir que feche os olhos, exagere sua posição corporal, encolha--se mais e imagine, por exemplo, onde poderia estar nesse momento. Possivelmente virão à sua mente lembranças significativas de sua vida.

7. **Trazer o mesmo assunto várias vezes** pode significar estar evitando trazer outros assuntos. Uma mulher de 32 anos, que faz parte há mais de um ano de um grupo de psicodrama, traz, desde o início de sua terapia, o assunto de seu casamento. Era ouvida atentamente por seus companheiros de grupo, tendo sido protagonista várias vezes, sempre em relação ao mesmo tema: casamento. Um dia, numa sessão em que citou novamente o mesmo assunto, foi solicitado a ela que colocasse no centro da sala objetos que a representassem e representassem as "coisas" de sua vida. Ela colocou objetos que representavam o marido e os dois filhos. No decorrer do jogo, o que pudemos observar foi a "pobreza" do seu mundo e a dificuldade em assu-

mir e investir em outros papéis – o profissional, por exemplo, embora desejasse muito trabalhar. Depois disso, sua terapia tomou outro rumo e o assunto casamento passou a ocupar um espaço muito menor nas sessões seguintes. O que ocorria, na realidade, é que esse tema encobria muitos outros.

8. Trazer somente **assuntos superficiais**, insignificantes, até sem muito sentido e de maneira repetitiva pode significar que existe uma resistência contra algo que subjetivamente é muito importante. O medo costuma estar centrado em assuntos com conteúdos tidos como muito ameaçadores: fantasias homossexuais, assuntos sexuais de um modo geral ou fantasias de autodestruição.

9. **Depoimentos sempre alegres** podem esconder outras emoções, como a tristeza. Uma paciente jovem, de 23 anos, sempre fala coisas muito engraçadas que divertem o grupo. Foi solicitado a ela, em uma sessão, que dividisse o espaço central da sala ao meio: de um lado, representadas por objetos, deveria colocar as "coisas" alegres da sua vida; do outro lado, as "coisas" tristes. O que ocorreu foi o aparecimento de uma dinâmica familiar extremamente penosa para ela, de rejeição e falta de afeto.

10. Uso de chavões, termos técnicos ou qualquer outra **forma de expressão que só a própria pessoa entende**. Vamos lembrar, aqui, Wilson Castello de Almeida, que já nos apresentava o seguinte exemplo em sua dissertação de mestrado (1981):

Paciente é admitido no grupo por estar atravessando uma crise conjugal. Já nas primeiras sessões começa a despertar no grupo

O LÚDICO NOS GRUPOS

manifestações esparsas de antipatia pelo modo "empolado" de falar e pela postura física muito formal. Em determinada sessão, quando coloca para o grupo a situação difícil que está vivendo, o grupo desconhece o seu eventual sofrimento, para criticá-lo no modo de falar, que não se coadunaria com o seu propalado sentimento. O nível verbal da sessão fica estéril, repetitivo, cansativo e irritante, e as críticas não encontram ressonância no paciente. À leitura da dinâmica grupal, nesse momento, percebo que o paciente tenta ser o protagonista, sem êxito, pois não consegue transmitir o seu sofrimento para o grupo e o grupo não consegue transmitir-lhe por que não o aceita, tornando-se extremamente crítico e intelectualizado. Acho importante propor, então, um trabalho grupal, sem palavras, em nível corporal, com o intuito de quebrar a dificuldade da relação e de favorecer o aparecimento da emoção.

A regra do jogo seria esta: cada um se relacionaria com o paciente, apenas com iniciativas corporais, de modo a transmitir-lhe o que era preciso ser dito, e o paciente responderia corporalmente para dizer dos seus sentimentos. As regras são aceitas e cada um, no seu momento, aproxima-se do paciente, propondo-lhe mímicas, gestos, toques etc. Há momentos de tensão, de ternura, de agressão, de paz. Há gestos de ajuda e de desafio. O paciente responde adequadamente a cada acontecimento. Por vezes há perplexidade, dúvida, titubeio. Por fim, um elemento do grupo propõe fazer uma massagem corporal para distensão e relaxamento muscular. Era a mensagem necessária para dizer-lhe de um modo diferente que ele, paciente, precisava quebrar a rigidez postural e o formalismo dos gestos. Naquele instante, o elemento do grupo que tomara a iniciativa traduzia, de modo feliz, o desejo do grupo. A cena muda continua com os dois, paciente e seu colega, num bonito jogo corporal que, ao fim, permite ao paciente expressar seus sentimentos, chorando mansamente. O grupo vai se aproximando do protagonista, envolvendo-o com carinho. Ele recebia assim a compreensão e solidariedade desejadas. Sentia-se reconfortado. Depois comentaria a sua percepção dramática para o fato de o quanto sua postura corporal, da qual a fala fazia parte, o impedia de transmitir suas emoções e, diria ainda, como fora importante sentir-se compreendido pelos demais, com quem queria dividir suas apreensões.

Esse exemplo ilustra muito bem a importância do jogo e seus resultados, quando utilizado adequadamente e no momento certo.

11. **Atrasos e faltas** também podem ser sinais de resistência. Nesses casos, os jogos são especialmente recomendados, pois permitirão um trabalho em campo relaxado, de menor tensão. Podemos, aqui, usar jogos de sensibilização, jogos que pesquisem a posição sociométrica do indivíduo no grupo e, em especial, jogos que facilitem o aparecimento da fala "escondida". Pode-se, por exemplo, pedir ao grupo que fique em pé, em roda, com a pessoa em questão no centro. A ela é pedido que solte o corpo, no que será segurada pelos demais, ou que fique em pé, em frente a cada colega do grupo, e converse, com os olhos, com cada um, um por vez. Depois, todos deverão comentar o que "falaram" com os olhos.

Outro jogo seria com todos ainda em pé, em roda. A pessoa deverá ficar na frente de cada um e contar uma estória, aos pedaços.

12. Um dos participantes do grupo solicita **uma conversa particular com o coordenador (diretor)**. Aqui, devemos estar especialmente atentos à posição sociométrica do indivíduo no grupo. Algo deve estar ocorrendo na dinâmica

grupal que o leva a fugir da situação e buscar um atendimento personalizado. Podemos, por exemplo, solicitar que todo o grupo fique em pé, em roda, que se deem as mãos e que a pessoa em questão vá ocupando todos os lugares na roda e, a partir do que sente no contato de mãos, diga o que sente em relação ao seu companheiro da direita e ao da esquerda.

13. **Tédio e insatisfação.** Aparece com alguma frequência a queixa: "não vejo o resultado do nosso trabalho", "não está adiantando nada o que estamos fazendo aqui" etc. Essa situação, caso não seja bem manejada, geralmente caminha para o abandono do grupo pela pessoa. Teremos de utilizar, aqui, jogos que, de alguma forma, propiciem maior entrosamento, criem vínculos mais verdadeiros e mais fortes dessa pessoa com seus companheiros de grupo. Aqui vão duas sugestões que provavelmente trarão sentimentos e emoções que, compartilhados com os demais, darão conta dessa tarefa.

a) A pessoa deverá colocar-se no chão, encolher o máximo possível o corpo, a ponto de ocupar o menor espaço, fechar os olhos e, a partir daí, iniciar um processo de nascimento.
b) Sentar-se no chão, dar uma mão à outra mão, massageá-las e, aos poucos, lentamente, imaginar que entre elas há uma pequena bolinha que vai crescendo à medida que brinca com ela. Ela fica tão grande que a pessoa poderá, inclusive, entrar nela para brincar. Passado o tempo que julgar necessário, sairá de dentro da bola. Em seguida, a bola diminuirá progressivamente de tamanho até voltar a caber em suas mãos e desaparecer.

Nos dois exemplos, um estímulo musical poderá ser usado como elemento facilitador para a vivência proposta.

14. Às vezes ocorre a **interrupção brusca de uma dramatização**. A pessoa para, não se dispõe a dar continuidade à dramatização e comenta: "deu um branco" ou "não consigo continuar". Um recurso que podemos usar é dizer a ela: "Feche os olhos. Para onde você quer ir agora?" ou "Onde você imagina que poderia estar agora?" O objetivo, ao introduzir esse jogo, é relaxar, tirar a pessoa de uma situação de tensão. Pelas experiências que tive, esse jogo não desvia o indivíduo de seu caminho, mas oferece a ele outra possibilidade para chegar onde deseja, de outra forma.

15. **A fala do outro é mais importante.** Essas pessoas geralmente permitem que os outros falem e mostram-se muito interessadas, demonstram vontade de ajudar. Cabe, aqui, mostrar a elas que o que têm a dizer é tão importante quanto o que os demais têm a dizer. A forma que vejo como a mais adequada para lidar com essa situação (esse tipo de resistência) é introduzir um jogo grupal. Por exemplo: "Cada um dirá uma palavra que possa expressar o que sente nesse momento". A rodada poderá ser repetida quantas vezes se fizerem necessárias.

16. **Esperar para falar no fim**, quando já estamos terminando a tarefa. É uma das formas mais angustiantes de resistência tanto para o grupo quanto para o coordenador. O que se pode fazer é oferecer à pessoa um *feedback* do seu comportamento: "Reparou como você deixa para falar quando não temos mais tempo para ouvi-lo e para poder fazer uma reflexão maior sobre o que diz?" Não devemos nos estender no horário, apenas alguns minutos, a fim de que a resistência seja colocada em pauta. O restante fica para ser conversado no encontro seguinte.

17. **Na fase final, no compartilhamento**, a resistência também pode aparecer. Em vez de falar sobre o que mais o sensibilizou no trabalho realizado, falar de seus sentimentos e emoções, aparece uma tendência a "dar conselhos" ou a fazer críticas, numa busca de soluções racionais. Esse tipo de comportamento, seja ele manifestado por um ou mais integrantes do grupo, poderá ser corrigido com o uso de jogos:

a) Solicitar que o protagonista fique em pé. Cada membro do grupo deverá chegar até ele e, com um gesto, expressar o que sentiu no decorrer do trabalho.

b) Cada membro do grupo deverá contar para os demais um fato importante de sua vida pessoal, profissional etc. (dependendo do contrato feito com o grupo no início da atividade) do qual se recordou por causa do trabalho realizado, algo que ainda não havia revelado.

c) Todos os membros do grupo deverão, em círculo, dar as mãos, fechar os olhos e dizer em voz alta, um por vez, o que mais incomodou, o que foi mais desconfortável, mais difícil de ouvir e assistir na dramatização realizada.

Todos esses jogos têm como objetivo permitir o aparecimento de lembranças relacionadas ao que foi feito, mas com um significado particular para cada um.

18. **Sintomas psicossomáticos.** Algumas pessoas se queixam com frequência de dores durante o trabalho grupal e sua consequente não participação – dores de cabeça, dores de estômago etc. Nesses casos, os jogos de relaxamento, complementados com jogos que estimulem a fantasia e a imaginação, poderão ser úteis. Entretanto, não podemos tratar o assunto somente como uma manifestação de resistência e descartar a necessidade de uma pesquisa clínica.

19. Há pessoas que **falam de seus sentimentos para os demais integrantes do grupo** antes do trabalho (na sala de espera), ou no intervalo, ou no cafezinho, ou na saída. Há, ainda, aqueles que tomam decisões importantes para suas vidas, nas áreas pessoal ou profissional – como casamento, mudança de emprego etc. –, e **apenas comunicam ao grupo a decisão já tomada**, com o assunto já resolvido, sem chance de ouvir opiniões ou de fazer uma reflexão conjunta. Um jogo interessante pelos seus resultados, e que pode ajudar aquele que "resolve seu problema sozinho", é solicitar a ele que construa a "linha da sua vida": utilizando-se dos objetos da sala ou solicitando a cooperação de seus colegas de grupo, dispô-los de modo que representem seu passado, seu presente e, principalmente, os objetivos futuros, tendo em vista o objetivo a ser atingido com o trabalho realizado.

20. **"Tenho segredos e não posso trair quem os contou!"**
   Às vezes participantes do mesmo grupo fazem "confidências" entre si, guardam um segredo em comum. Essa dinâmica atrapalha o bom andamento do trabalho. Um jogo de que podemos lançar mão, nesses casos, é o seguinte: damos lápis e papel a todos os participantes (não somente aos que têm segredos) e pedimos que escrevam uma carta a um amigo secreto, contendo assuntos que são difíceis de comentar, mas que podem ser abordados mais facilmente na escrita. Quando todos terminam de escrever, as cartas são misturadas. Então, cada um sorteia uma, os conteúdos são lidos e o grupo deve descobrir quem as escreveu. Em seguida, todos conversam sobre o conteúdo das cartas.

21. **Participantes que têm conhecimento sobre a metodologia psicodramática** geralmente são os que permane-

cem em atitude mais observadora e crítica. Essas pessoas requerem, por parte do coordenador do grupo (diretor), uma atitude de paciência e aceitação. Jogos que induzem à criação de personagens (jogos de papéis), à dramatização de cenas absurdas nas quais são ditas coisas absolutamente sem nexo ou jogos de sensibilização são os mais adequados. O teatro espontâneo e o jornal vivo são, também, formas de trabalho muito eficazes nesses momentos. O leitor poderá ler mais sobre o assunto em meu livro *Técnicas fundamentais do psicodrama* (1998).

22. **Surgem resistências à dramatização.** Comentários como: "não sou ator", "não vou conseguir dramatizar". Andar simplesmente pela sala, no espaço cênico, de diferentes maneiras: com passos pequenos, largos, rápida ou lentamente, com as pontas dos pés, nos calcanhares, pular em um só pé... É uma forma simples e eficaz de aquecimento e que, ao mesmo tempo, possibilita a familiarização com o espaço e com a linguagem dramática.

23. **Ausência de sonhos.** Essa forma de resistência merece especial atenção quando se trata de um grupo de psicodrama com foco terapêutico. Observamos que os sonhos aparecem com maior ou menor frequência nas sessões de psicodrama muito em função de quanto o terapeuta valoriza esse tipo de material terapêutico. O leitor que desejar informar-se mais aprofundadamente sobre a forma de manejo dos sonhos poderá fazê-lo no livro *Psicodrama*, de Moreno (1961, p. 273), e também no livro *Sonho e loucura*, de José Roberto Wolff (1985).

24. **Há momentos em que pode ocorrer a resistência do grupo todo.** Nesse caso, a experiência nos mostra que as

técnicas de aquecimento são as que mais ajudam a resolver a questão. Uma das formas de trabalhar a resistência grupal é recorrer ao teatro espontâneo e ao jornal vivo. Alguns exemplos de jogos podem ser encontrados no livro *Jogos dramáticos* (1994, p. 43), de minha autoria.

Por fim, quero ressaltar que todos os jogos até aqui oferecidos poderão ser utilizados nas situações de trabalho em grupo cujo foco seja terapêutico ou não, em empresas, na área da educação, enfim, em toda e qualquer situação em que se fizerem necessários. O objetivo, ao descrevê-los, é dar sugestões para estimular a criação de outros jogos, com o cuidado de que sejam sempre adequados à situação específica que está sendo vivida por aquela pessoa, por aquele grupo. Levar um jogo pronto e tentar repeti-lo numa situação nova pode ser desastroso. Já nos dizia Moreno: "Deus é espontaneidade. Portanto, o mandamento é: seja espontâneo!"

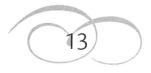

O jogo no trabalho com psicóticos

O jogo, por oferecer formas simples de trabalho e proporcionar a criação de um clima de baixa ansiedade, permite o desempenho de atividades divertidas e lúdicas, estimulando, assim, o desenvolvimento dos aspectos sadios da personalidade, facilitando a criação de vínculos. A comunicação verbal dificilmente alcançará os mesmos resultados, pois os psicóticos perdem com facilidade o contato com as pessoas e tendem a voltar-se para seus próprios mundos internos.

Cria, portanto, condições mais favoráveis ao trabalho, visto que relaxa, distensiona – pois o estado de angústia, de ansiedade, de alarme é alto nessas pessoas.

Em 1971, tive a oportunidade de participar de uma sessão de psicodrama com psicóticos no Hospital Borda, na Argentina, dirigida por Jaime Rojas-Bermúdez, acompanhado por uma equipe de mais oito profissionais, todos psicodramatistas. O grupo compunha-se de dez internos que já vinham participando de tratamento psicoterápico há algum tempo, em sessões de duas horas, uma vez por semana.

Dada a hora da sessão, entraram na sala e sentaram-se entre nós, em círculo, em estado de completo isolamento; pareciam nem notar nossa presença. Um deles começou a falar e nos relatou seus delírios místicos em relação ao Novo Testamento. Bermúdez iniciou, então, o trabalho de aquecimento do grupo, pedindo a cada um que olhasse para a pessoa que estava ao seu lado e dissesse seu nome, numa tentativa de estabelecimento de vínculo. Alguns nos cumprimentaram e falaram conosco. Outros somente nos olharam. Depois desse momento, não éramos mais tão estranhos uns aos outros.

Em seguida, por orientação da direção, fomos todos ao centro da sala e convidados a andar de diferentes maneiras: de modo lento, rápido, na ponta dos pés, com os calcanhares, em linha reta... Pudemos notar que todos já estavam mais disponíveis à comunicação. Riam e nos olhavam. Voltamos a nos sentar e um dos participantes começou a falar sobre o que havia acontecido com ele durante a semana. O comportamento havia mudado, estavam, agora, atentos e numa postura participativa.

Outra forma de abordagem lúdica também eficaz nesses casos é por meio de títeres (fantoches, bonecos). O procedimento dá-se da seguinte forma: o profissional encarregado do manuseio dos bonecos fica escondido atrás de um biombo, somente os bonecos são vistos. Inicia-se uma conversa entre os bonecos e o público presente. Quando é estabelecido um diálogo com a plateia, o titereiro aparece, é visto por todos, mas ainda com os bonecos em suas mãos, e o diálogo continua (bonecos e público). A partir desse momento, há uma mudança: o diálogo com os títeres é transferido gradualmente para o profissional que os manuseia. Os bonecos tiveram papel intermediário na comunicação. O vínculo acontece! Nesse momento, os bonecos são deixados de lado e o diálogo continua. A partir daí, a sessão segue o rumo sugerido pela direção.

Tive várias outras experiências trabalhando com colegas psicodramatistas, em consultório, no atendimento de psicóticos. Trabalhos esses em que jogos foram amplamente utilizados, principalmente no momento do aquecimento. Foram experiências das quais guardo lembranças ternas e carinhosas.

O LÚDICO NOS GRUPOS

Quanto aos tipos de jogos que podem ser usados, recomendo, no início, os mais simples: andar, andar de diferentes maneiras, em círculo, em oito, em linha reta... Apenas posteriormente, quando já houver progressos no tratamento, a introdução de jogos mais complexos deve acontecer. Vários exemplos poderão ser encontrados no livro *Jogos dramáticos* (1994), já citado.

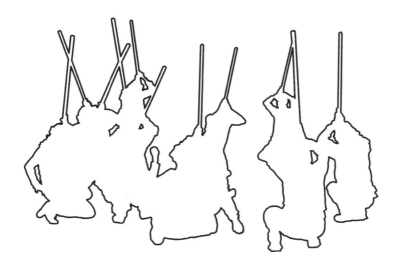

Um exemplo de vivência com a utilização de jogos

Durante alguns anos realizei, em meu consultório, vivências com o uso de jogos, objetivando desenvolver a espontaneidade e a criatividade nos participantes. O encontro tinha sempre a duração de nove horas, com intervalo de uma hora para o almoço, quando íamos todos juntos a uma lanchonete próxima. A demanda era de pessoas que buscavam novos recursos para seu trabalho, com objetivo profissional (psicólogos, psiquiatras, educadores) ou com finalidade de crescimento pessoal (indicados à participação por seus psicoterapeutas). Geralmente, não se conheciam, raramente alguém vinha com um amigo ou colega de trabalho. A inscrição era feita previamente, quando uma ficha era preenchida com alguns dados profissionais e pessoais, o que me dava uma ideia de quem eram e, portanto, da constituição do grupo que viria a se formar. O número de participantes variava, geralmente, de 12 a 17 pessoas.

Inicio sempre a vivência com o grupo sentado em círculo, no chão, sobre almofadas. Depois de me apresentar e falar um pouco sobre a proposta do trabalho, solicito às pessoas que se coloquem o mais à vontade possível, deixem seus pertences (bolsas, mochilas, pastas) de lado e tirem sapatos, cintos, enfim, o que as estiver incomodando, para que se sintam mais confortáveis.

Acho que é muito importante também, nesses primeiros momentos, que as pessoas reconheçam o espaço no qual permanecerão todo o dia. Todos andam e observam a sala, as paredes, o chão, o seu tamanho, os objetos que estão por ali, os móveis; tudo que for possível deve ser observado atentamente e em silêncio.

A partir daí, o trabalho propriamente dito é iniciado. Para o relato que segue, escolhi uma das vivências que ainda guardo na memória, mais algumas anotações que fiz na época.

O grupo contava com a participação de 13 pessoas. Nove mulheres e quatro homens. Cinco vieram por indicação de seus terapeutas. Os demais, por interesse profissional – quatro alunos de cursos de formação de psicodramatistas, mais dois educadores e dois psicólogos que atuavam na área de recursos humanos.

Depois de realizada a pesquisa do espaço, aproveitando o fato de que todos já estavam em pé, proponho que andem, agora lentamente (em câmera lenta), lentamente mas com passos largos, com passos curtos e, então, o mais rapidamente possível, em seguida, com as pontas dos pés, com os calcanhares, usando apenas os lados internos dos pés, os lados externos, como se estivessem na areia quente, na água, em linha reta, em círculo, em oito, em zigue-zague...

Podemos observar que já se olham quando se cruzam e alguns sorriem para os outros. Mostram-se mais descontraídos e à vontade. Essa atividade foi introduzida com o objetivo de quebrar uma natural timidez que permeia o início de trabalho entre pessoas que não se conhecem.

O LÚDICO NOS GRUPOS

Peço, então, que se sentem em círculo e se olhem por alguns instantes; que tentem imaginar, olhando para cada pessoa, quem ela é, qual seria seu nome, sua profissão, seu estado civil, onde mora, como seria sua família, o que gosta de fazer nas horas de lazer, o que gosta de comer, de ler... enfim, que imaginem o maior número possível de características para cada um. Um deles é escolhido e os demais falam sobre ele tudo o que pensaram. Essa pessoa deve ouvir em silêncio e, só depois que todos tiverem falado, confirmar ou não o que foi dito. Poderá, também, se quiser, perguntar por que acharam isso ou aquilo a seu respeito. Assim, todos se apresentam ao grupo de um modo informal e divertido. Com esse jogo, podemos observar que as pessoas acabam falando sobre detalhes de suas vidas que certamente não contariam de maneira espontânea.

Em seguida, cada um deve dizer em voz alta uma palavra que expresse como está se sentindo no momento. Caso alguém fale em voz baixa, não devemos pedir que fale mais alto. Nesse caso, o coordenador (diretor) repete em voz alta a palavra dita para que todos possam ouvir. Repito esse jogo várias vezes, como poderão ver no decorrer do relato. É muito útil para nos dar uma ideia do que se passa no íntimo das pessoas e seu grau de envolvimento com a tarefa proposta.

Terminada essa etapa, são propostos jogos nos quais os participantes entrem em contato, cada um, com seu próprio corpo, com o objetivo de descontrair, perceber quais são seus pontos de tensão e poder expressar-se corporalmente. O contato entre eles ainda foi pouco, não caberia, nesse momento, introduzir jogos que exigissem uma inter-relação (o eu comigo antecede o eu com o outro); daí a proposta que segue: todos deverão encolher-se o máximo possível e, com isso, ocupar o menor espaço. Cada um é, agora, uma semente.

Aqui poderá ser introduzido um estímulo musical. Sempre utilizo CDs com músicas sem letras, somente instrumentais. A poesia induz, influencia e determina a criação, que deixa de ser intuitiva e espontânea.

Continuando, essa semente vai, lentamente, começar a germinar; rompe delicadamente a terra que a envolve e inicia seu crescimento. Embora seja ainda uma pequenina planta, olha o céu e vai, aos poucos, descobrindo o que existe a seu redor. Estamos na primavera, o clima é agradável, temperado, venta pouco e há muita cor por todos os lados. Aos poucos, chega o verão, cai uma chuva refrescante e, em seguida, chove mais intensamente. A plantinha vai crescendo e ficando mais forte, quase adulta. Bate o vento e ela dança, movimenta-se por um tempo até que o clima começa a mudar, esfria um pouco e ela se sente diferente. Sua cor muda, suas folhas caem, é outono, o vento já é outro. Seu movimento muda. Já é adulta quando chega o inverno. Faz frio e garoa, o vento agora é forte, quase não consegue dançar. É mais velha e sente vontade de voltar a ser semente. Lentamente encolhe e volta à terra para, um dia, renascer.

Depois de alguns instantes, pede-se que todos se estiquem, espreguiçando-se, e voltem a sentar em círculo. Uma palavra deve ser dita, que expresse como se sentem agora. Passamos a compartilhar o que foi vivenciado. Nesse momento, a direção deve estar atenta, pois podem surgir depoimentos com conteúdos emocionais mais intensos – que devem ser acolhidos por todos. Compartilhar é expressar o que tocou, emocionou, ao realizar o jogo proposto. É um momento terapêutico, no qual a pessoa expõe seus sentimentos e emoções. Todos devem ser estimulados a falar. Podemos fazer isso com perguntas: Que plantas vocês foram? Como foi passar pelas estações? Como se sentiram nas diferentes fases que viveram? Como foi voltar a ser semente?

O LÚDICO NOS GRUPOS

Um novo jogo é agora introduzido. Na posição em que estão, sentados no chão, devem esfregar uma mão na outra. Ao esfregar, todos devem imaginar que, entre as mãos, surge uma pequena nuvem. Uma nuvem mágica que lentamente vai crescendo. Podemos sentir sua textura, seu cheiro, ver sua cor e brincar com ela, jogá-la para o alto, para os lados, e ela sempre volta para o seu dono! Fica tão grande que podemos subir nela como se fosse um tapete mágico, e flutuar, voar, alcançar as alturas, o céu e, lá do alto, olhar o que estamos sobrevoando. O que há lá embaixo? O que se pode ver? Ficamos nessa brincadeira por um tempo até que, lentamente, vamos descendo e chegamos novamente ao chão. A nuvem volta a ser pequena entre nossas mãos e podemos fazer com ela o que quisermos: dá-la a algum companheiro do grupo, guardá-la no bolso, enviá--la para o céu ou dar outra solução.

Nesse momento, volto a pedir que cada um diga uma palavra que expresse o que sente.

A seguir, passamos a compartilhar o que foi vivenciado com esse jogo: como foram as viagens, como era o formato e o tamanho das nuvens, o que sobrevoaram, quais foram as sensações e os sentimentos vividos.

Nesse jogo, pode-se trocar a nuvem por uma bola, que também "nasce" entre as mãos e cresce até ficar tão grande que a pessoa pode entrar nela e brincar em seu interior. Nesse trabalho, optei por não fazê-lo, porque geralmente surgem, nesse caso, lembranças do nascimento, da saída do útero materno, e já havíamos, no jogo anterior, vivenciado o ciclo de vida como uma semente que nasce e se torna uma planta.

Fizemos, então, um intervalo de uma hora para o almoço. Na volta, conversamos um pouco e todos dizem como estão se sentindo. Peço que cada um expresse com o corpo esse sentimento e, a seguir, expresse, também corporalmente, como se sentia no momento da chegada. Depois, falamos a respeito do que observamos sobre as expressões corporais realizadas. Podemos, a partir desse momento, começar a introduzir jogos em duplas e trios. As pessoas já se conhecem um pouco mais; é possível estar com o outro. Formam-se duplas. Como o grupo contava com 13 participantes, um trio é formado. Devem-se dar as mãos e imaginar que elas estão amarradas e não poderão se soltar. Passam a andar, abaixar-se, dançar, pegar objetos... Várias situações são criadas para que executem sem se soltar. Depois de um tempo, devem juntar-se a outra dupla. O jogo consiste em formar, sucessivamente, quartetos, sextetos... até todos estarem juntos, amarrados e executando tarefas que são dadas pela direção. Podemos, aqui, variar a proposta para que fiquem amarrados pelo pé direito, ombros, cabeça...

Novamente em duplas e de frente um para o outro. Um fica de olhos abertos e com as mãos espalmadas sobre as mãos de seu par, que está de olhos fechados e tentando perceber qual o sentimento, a emoção, que seu companheiro transmite pelo movimento das mãos. A seguir, invertem-se as posições. Os pares são trocados até que todos tenham realizado o jogo com todo o grupo.

Passam a andar pela sala soltando-se, chacoalhando as mãos, os braços, as pernas e os pés.

Sentados em círculo, conversam sobre o que sentiram ao realizar o trabalho.

Passo a introduzir alguns jogos cujo objetivo é estimular a observação e a percepção. Vocês podem notar que até agora ofereci poucos jogos com a intenção de favorecer uma maior integração grupal. Esse grupo é constituído de pessoas que, no dia a dia, muito provavelmente não se encontrarão mais. É uma experiência única, não vamos nos reencontrar, não é um trabalho processual. Claro que foi possível observar que alguns participantes demonstram mais dificuldade em se entrosar com os companheiros. Isso foi sinalizado a eles no decorrer do dia, mas o objetivo principal desse encontro é oferecer condições para que cada um vivencie o máximo possível de experiências que contribuam para o desenvolvimento da sua espontaneidade e criatividade.

Continuando, todos sentados em círculo. Escolho um objeto da sala (um pequeno vaso) e digo: "Estou te passando este vaso fechado". Nesse momento, quando entrego o objeto à pessoa que está à minha direita, estou sentada entre eles, com as pernas esticadas e unidas.

Quem o recebe deverá passá-lo a quem está à sua direita, também dizendo como está "passando". Assim seguem as rodadas até que todos adivinhem qual é a senha: a posição das pernas de quem passa.

Feito esse jogo, passamos a tentar descobrir qual o nome do filme ou o título do livro que um dos participantes, usando mímica, está querendo nos dizer. Todos são convidados, um por vez, a fazer suas mímicas.

Depois, conversamos sobre como foi tentar adivinhar, como se sentiram no decorrer dos jogos propostos, como foi a comunicação de cada um com os demais, sempre estimulando para que todos deem seu depoimento, participem.

Um biombo é aberto e colocado na sala. Poderá também ser adaptado um pano pendurado como uma cortina. Cada um deve imaginar um personagem. Quem estiver "pronto" passa por trás do biombo e, ao sair, o faz já representando seu personagem. O grupo deve adivinhar quem é. Seguem os comentários sobre essa atividade: como se sentiram na representação, o que foi mais fácil e mais difícil fazer, como foi a comunicação do personagem com a plateia etc.

Passo à etapa de encerramento.

Um dos participantes começa a contar a estória do dia, o outro continua, conta mais um pedaço, e assim por diante até o fim. Comenta-se a estória criada.

Ainda sentados em círculo, devem imaginar que, no centro, há várias caixas que contêm tudo o que cada um quer levar para si, ao sair, da experiência vivida nesse dia e, ao lado de cada um, uma caixa que contém o que ele deixa de si para os outros. Cada um se levanta e fala para todos o que leva e o que deixa. Compartilhamos, em seguida, os sentimentos que surgiram nesse jogo.

Para terminar, todos fecham os olhos e, lembrando como se sentiam no momento em que chegaram e como se sentem nesse momento, devem dizer uma palavra que expresse o antes e outra que expresse o depois da vivência realizada.

O trabalho é encerrado. Prefiro, nesse momento, não estimular mais comentários. Apenas me despeço e agradeço a participação de todos.

Esse exemplo tem como finalidade contar-lhes como realizo esse tipo de vivência. Ela pode e deve ser modificada conforme o perfil do grupo e de acordo com o objetivo a ser atingido. Deixo para o bom senso de cada um essa decisão.

Finalização

Quero compartilhar com você, leitor, como começou meu interesse pelos jogos, diria até meu encantamento por eles.

Fiz a formação em psicologia e em psicologia clínica. Em seguida, iniciei o curso de formação em psicodrama com o psiquiatra e psicodramatista Jaime G. Rojas-Bermúdez, colombiano radicado na Argentina, em 1968. Fazia parte de sua equipe o ator Ariel Bufano. Nas aulas que tínhamos no período de nossa formação, Ariel ministrava inúmeros jogos nos ateliês. Essa técnica começou a me chamar a atenção e, a partir daí, comecei a me dedicar e estudar mais sobre o assunto e a aplicar os jogos em minha prática profissional.

Em 1979, publiquei o livro *Jogos dramáticos*. Há alguns anos a Editora Ágora mantém os direitos de sua publicação. Durante esse período, vários grupos de formação de psicodramatistas foram criados no Brasil, com cursos ministrados pelos já diplomados em São Paulo. Sendo um deles, viajei por vários estados, ministrando aulas sobre jogos – módulo que fazia e faz parte da programação.

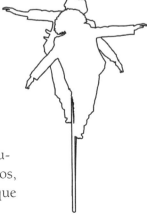

Depois de tantos anos, continuo entusiasmada com o assunto, feito criança que brinca com seu brinquedo predileto. Espero ter transmitido aqui um pouco dessa magia.

"Nunca é demasiado tarde para teres uma infância. Mas a segunda depende de ti."
REGINA BRETT

REFERÊNCIAS BIBLIOGRÁFICAS

ALMEIDA, W. C. *Conceitos fenomenológicos e existenciais na teoria e na prática do psicodrama*. Dissertação (Mestrado em Psiquiatria) – Faculdade de Medicina da Universidade de São Paulo, São Paulo, 1981.
_____. "Técnicas dos iniciadores". In: MONTEIRO, R. F. (org.). *Técnicas fundamentais do psicodrama*. São Paulo: Ágora, 1998.
BALLY, G. *El juego como expresión de libertad*. 2. ed. Buenos Aires: Fondo de Cultura Económica, 1964.
BUSTOS, D. *O psicodrama: aplicações da técnica psicodramática*. São Paulo: Summus, 1982.
CALVENTE, C. "Interpolação de resistências". In: MONTEIRO, R. F. *Técnicas fundamentais do psicodrama*. São Paulo: Ágora, 1988.
ESQUIROL, J. M. *O respeito ou o olhar atento*. Belo Horizonte: Autêntica, 2008.
GREENSON, R. R. *A técnica e a prática da psicanálise*. Rio de Janeiro: Imago, 1981. v. 1.
HUIZINGA, J. (1938) *Homo ludens*. São Paulo: Perspectiva, 1993.
MONTEIRO, R. F. *Jogos dramáticos*. São Paulo: Ágora, 1994.
_____. "O jogo dramático e a resistência". *Revista da Febrap*, ano 6, n. 1, 1984.
_____. (org.). *Técnicas fundamentais do psicodrama*. São Paulo: Ágora, 1998.
MORENO, J. L. *Psicodrama*. Buenos Aires: Paidós, 1961.
PERAZZO, S. *Psicodrama – O forro e o avesso*. São Paulo: Ágora, 2010.
PICKHOLZ, N. "Contribuición a la investigación de las resistencias". *Cuadernos de Psicoterapia*, n. 9, Ediciones Genitor, 1974.
ROJAS-BERMÚDEZ, J. G. *Introdução ao psicodrama*. São Paulo: Mestre Jou, 1970.
WEIL, P.; SCHUTZENBERGER, A. A. *Psicodrama triádico*. Belo Horizonte: Interlivros, 1977.
WOLFF, J. R. *Sonho e loucura*. São Paulo: Ática, 1985.

IMPRESSO NA

sumago gráfica editorial ltda
rua itauna, 789   vila maria
02111-031   são paulo   sp
tel e fax 11 **2955 5636**
sumago@sumago.com.br

GRÁFICA
sumago